세금을 알면 돈이 보인다

대한민국 국민 99%는 살면서 무조건 겪게 되는 세금문제

세금을 알면 돈이 보인다

택스코디 지음

다온북스
DAON BOOKS

잘못된 정보는 더 큰 손해를
가져올 수도 있다

이 책은 다음과 같이 구성했습니다. 누구에게나 일어날 수 있는 문제를 먼저 제시합니다. 그리고 문제를 풀기 위해 알아야 할 세금 상식을 알기 쉽게 설명합니다. 따라서 지금 이 책을 읽는 여러분은 세금 문제를 맞닥뜨렸을 때, 슬기롭게 대처하는 힘을 기를 수 있다는 것이 이 책의 핵심입니다. 그럼 다음 사례를 한번 살펴봅시다.

세알못 서울에 집 한 채만 있으면 상속세가 나온다는 기사가 여러 신문사를 통해 자주 소개되는 것을 보고, 최근 새로운 고민이 생겼습니다. 열심히 일해 모은 돈으로 아파트 한 채를 겨우 샀는데, 이마저도 자녀들에게 물려주려면 상속세를 내야 한다니 너무 억울하다는 생각이 들었습니다. 인터넷 검색을 해보니 과세표준 10억 이상이면 상속세 세율이 40%라고 하는데, 제가 소유한 아파트가 14억 정도 하니, 상속세를 계산해 보면 5억6,000만 원(14억 원 × 40%)이 계산됩니다. 정말 저의 생각처럼 집을 상속하면 상속세가 5억6,000만 원이나 나오는 것이 맞는 것인가요?

택스코디 정답부터 말하자면 위 가정은 틀린 계산입니다. 상속세를 계산하기 위해서는 과세표준과 누진세율에 대한 개념부터 알고 있어야 합니다.

최근 몇 년간 부동산 가격 급등으로 인해 부자들의 세금으로만 생각되었던 상속세가 일반 대중들도 부담할 수 있는 세금으로 인식되며 '상속세 대중화' 시대가 열렸습니다. 상속세를 내야 하는 대상이 늘어났지만, 막상 본인 유고 시 상속세가 얼마나 나오는지 아는 사람은 드뭅니다. 세알못 씨처럼 정확한 계산은 하지 못한 채 인터넷으로 검색되는 대략적인 정보를 가지고 걱정을 하고 있거나, 반대로 상속세가 꽤 나오는데도 그 사실을 알지 못해 태평하게 준비하지 않는 사람도 있습니다.

'지피지기면 백전백승'이라고 합니다. 재산의 규모가 크지 않고 구성이 복잡하지 않다면 대략적인 상속세를 계산하는 것은 어렵지 않습니다. 상속세가 얼마나 나오는지 대략 알 수 있다면 상속세에 대한 지나친 낙관도 걱정도 하지 않아도 될 것이고, 그에 맞는 적절한 대응을 할 수 있습니다.

상속세를 계산할 때에는 가장 먼저 상속될 순 자산이 얼마인가부터 파악해야 합니다. 순 자산이란 총자산에서 채무를 차감한 것입니다. 만약 세알못 씨가 다른 재산이 없고, 본인이 거주 중인 아파트 한 채만을 대출 없이 소유한 것이라면 다음처럼 순 자산은 14억 원이 됩니다.

- 순 자산 = 총자산 - 채무 = 14억 원 - 0원 = 14억 원

이렇게 순 자산이 정해지면 다음 순서는 공제항목들을 차감해 과세표준을 구합니다. 일반 사람들이 가장 어렵게 생각하는 것이 공제항목들이며 공제항목만 제대로 이해하고 적용하면 사실상 상속세 계산은 끝입니다. 상속 시 적용되는 공제는 종류가 매우 다양하고 요건도 복잡하지만, 세알못 씨의 경우는 실제 사망하여 상속세를 계산하는 것이 아니라 현재 시점에서의 대략적인 상속세를 추정하는 것이기 때문에 일반적으로 특별한 요건 없이 적용받을 수 있는 공제인 일괄공제, 배우자상속공제, 금융재산공제만을 적용해 계산해 봐도 충분합니다.

- 과세표준 = 순 자산 - 상속공제

이를 바탕으로 상속세 과세표준을 계산해 봅시다. 먼저 일괄공제 금액은 5억 원입니다. 일괄공제 대신 기초공제 2억과 그 밖의 인적공제를 합한 금액을 적용할 수도 있지만, 그 밖의 인정공제가 대부분은 3억이 넘기가 매우 어렵고 현재 상태에서 추정하기 어려우므로 일괄공제 5억 원을 적용합니다. 두 번째로 배우자상속공제는 배우자가 생존해 있다면 최소 5억 원에서 최대 30억 원까지 공제 가능합니다. 이렇게 일괄공제 5억 원과 배우자상속공제 5억 원을 더하면 최소 10억의 공제는 확보됩니다.

'보통 재산이 10억이 넘지 않으면 상속세를 내지 않는다'는 말을 하는데 이 두 가지 공제를 두고 말한 것입니다. 여기서 배우자공제 시 주의할 점은 최대 30억 원이라고 해도 배우자의 법정상속지분 이상은 공제되지 않는다는 점입니다. 세알못 씨가 배우자와 자녀 2명의 4인 가정이라

세금을 알면 돈이 보인다

면 배우자의 법정지분율은 1.5/3.5가 됩니다. 따라서 배우자상속공제액을 최대한 받더라도 6억 원(14억 원 × 1.5/3.5) 이상 받을 수 없습니다. 이렇게 순 자산에서 공제액들을 공제하면 과세표준이 계산됩니다. 세알못 씨의 경우 14억 원에서 일괄공제 5억 원, 배우자상속공제 6억 원을 적용하면 과세표준은 다음과 같이 3억 원이 됩니다.

- 상속재산 (14억 원) - 일괄공제 (5억 원) - 배우자공제 (6억 원)
  = 과세표준 (3억 원)

이제 과세표준에 세율을 적용하면 됩니다. 과세표준이 3억 원이므로 1억 원에 10%를 곱한 금액에 1억 원을 초과한 2억 원에 대해 20% 세율이 적용됩니다. 이를 계산을 해보면 다음과 같습니다.

- 상속세 산출세액 = 1억 원 × 10% + 2억 원 × 20% = 5천만 원

단순히 인터넷에서 세율표를 보고 잘못 계산했던 상속세 5억6,000만 원은 상속공제와 초과누진세율을 적용하지 않고 단순히 세율만 보고 계산한 것입니다. 계산을 해보니 다행히도 걱정했던 만큼의 상속세는 아닙니다. 하지만 계산된 5,000만 원의 상속세 역시 결코 가벼운 세금은 아닙니다.

어떤가요? 전혀 어렵지 않죠. 이런 식으로 책을 구성했습니다. 딱 이 정도 지식만 있어도 세금 문제를 마주했을 때, 여러분은 지혜롭게 대처할 수 있을 것입니다.

2024년 2월

차례

1

양도소득세 1세대 1주택 비과세, 이것부터 정복하자

문제 1	조정대상지역인 상태에서 주택을 매입해 즉시 전세를 줬는데, 규제지역에서 해제된 후 '1세대 1주택 비과세를 적용받겠다'라고 생각하고 처분했다가 생각지 못한 양도소득세 폭탄이 떨어졌습니다.
문제 2	취득 시 조정대상지역인지, 아닌지, 어떻게 확인할 수 있나요?
문제 3	35살, 직장인이며 울산에 제 명의로 된 주택을 1채 가지고 있습니다. 그 집은 2년 이상 전세를 주고 부모님과 함께 살고 있습니다. 이런 상황에서 울산에 있는 집을 팔면 양도세가 부과되나요? 비과세를 적용받으려면 어떻게 해야 하나요?
문제 4	1주택자가 부득이한 사유로 2년 보유 및 거주요건을 채우지 못할 때 구제하는 제도가 있다고 하는데, 여기서 말하는 부득이한 사유란 구체적으로 어떻게 되나요?

이번 장에서는 위에서 말한 문제들에 대한 답을 찾아가는 과정을 통해 '양도소득세 1세대 1주택 비과세 요건', '비과세 자가진단법', 그리고 '1주택자가 부득이한 사유로 2년 보유 및 거주요건을 채우지 못할 때 구제하는 제도'를 스스로 터득할 것입니다.

1세대 1주택 비과세,
이 정도는 상식 아닌가요?

1세대 1주택자가 살던 집을 팔아 양도차익이 생기더라도 고가주택(시가 12억 원)이 아닌 한 양도소득세를 내지 않는다는 사실은 상식에 가까울 정도로 널리 알려져 있습니다. 하지만, 의외로 정확히 알고 있는 사람은 드뭅니다. 1주택 비과세 제도는 복잡한 세법치고는 비교적 간단한 제도이지만, 제대로 몰라서 놓칠 수 있는 있어 주의가 필요합니다. 참고로 우리나라 주택을 소유한 가구 중 75% 정도가 1주택을 소유하고 있습니다.

> **세알못** 조정대상지역인 상태에서 주택을 매입해 즉시 전세를 줬는데, 규제지역에서 해제된 후 '1세대 1주택 비과세를 적용받겠다'라고 생각하고 처분했다가 생각지 못한 양도소득세 폭탄이 떨어습니다.

세금을 알면 돈이 보인다

택스코디 먼저 비과세 대상인 1세대 1주택 기본 요건부터 살펴봅시다.

소득세법은 거주자인 1세대가 국내에 주택 1채를 2년 이상 보유하다 처분하는 경우, 양도금액 12억 원까지는 양도소득세를 전액 비과세한다고 규정하고 있습니다. 그런데 2017년 8월 2일 이른바 '8·2 부동산 대책' 발표에 따라 주택 취득 당시 조정대상지역으로 지정된 곳이라면 2년 이상 거주요건을 갖춰야 비과세 혜택을 받을 수 있습니다.

여기서 주의해야 할 것은 2년 거주 의무가 부여된 조정대상지역은 2024년 1월 현재(강남 3구·용산구)가 아니라 과거 취득시점이 기준이라는 사실입니다. 조정대상지역에서 주택을 매입해 실제 살지 않고 전세를 줬는데, 규제지역에서 해제됐다고 생각하고 처분했다간 생각지 못한 양도소득세 폭탄이 떨어질 수 있는 것입니다.

1세대 1주택자가 조정대상지역 주택 취득 시 양도소득세 비과세를 적용받으려면 2년 거주를 꼭 해야 합니다. 이런 실거주 의무제는 갭투자(전세를 끼고 주택을 사는 행위) 방지가 목적입니다. 갭투자가 가수요를 부추기는 투기 수단으로 본 것이죠. 하지만 서민·중산층이 내 집 마련을 할 때 자금이 부족하면 전세를 끼고 주택을 매입하는 게 일반적입니다. 셋집에 살면서 알뜰히 저축해 모은 자금으로 전세금을 돌려주고 온전한 내 집 마련을 실현하는 것이죠. 다른 집으로 갈아탈 때도 마찬가지입니다. 여러 채를 갭투자로 돌려막기하면 분명 문제가 있지만, 1주택자까지 투기꾼 오명을 뒤집어씌우는 건 무리가 있어 보입니다.

문제의 거주요건 적용일 이후(2017년 8월3일부터) 새로 지정된 조정대상지역은 전국적으로 줄잡아 100곳이 넘습니다. 서울 25개 구는 앞서 2016년 11월에 이미 지정됐습니다. 현재까지도 조정대상지역으로 묶여 있는 서울 4개 구 외의 지역에서 취득한 주택이라도 매각 땐 취득 당시 규제지역 여부를 확인하고, 그렇다면 2년 거주요건을 충족했는지 살펴봐야 합니다. (다만 정부는 2017년 9월 19일 소득세법 시행령 개정 때 대책 발표일인 8월 2일 이전(2일 포함)에 취득한 주택에 대해서는 2년 실거주 대상에서 제외했습니다.)

여기서 취득일은 잔금 청산일(잔금 납부일) 또는 등기접수일 가운데 빠른 날입니다. 대책 발표일인 2017년 8월 2일 이전에 계약을 체결해 계약금(전액 지급만 인정)을 지급한 사실이 확인되고, 계약금 지급 당시 무주택 1세대인 경우에 한해 2년 거주요건에서 면제됩니다.

조정대상지역은
어떻게 확인하나요?

세알못 그럼 취득 시 조정대상지역인지, 아닌지, 어떻게 확인할 수 있나요?

택스코디 해당 지역을 발표하는 국토교통부 홈페이지에서 '정책자료→행정규칙→공고'를 클릭하면 확인할 수 있지만, 워낙 수시로 지정 해제되고 읍 면 동 리로 세분화한 탓에 확인이 쉽지만은 않습니다.

이보다는 국세청 '비과세 자가진단(세금신고→양도세신고→모의계산→비과세 확인)'을 이용하는 게 수월합니다. 로그인 절차가 번거롭긴 하지만, 순서대로 작성하면 자신이 비과세 대상인지 파악 가능합니다.

보유와 거주기간은 주민등록등본에 따른 전입일과 전출일까지 기간입니다. 하지만 이런 원칙보다 앞서는 게 실질과세원칙입니다. 주민등록에는 함께 거주하지 않고 분리 세대를 이룬 것으로 나타나 있지만, 실질적으로 함께 거주하면 좀 복잡해집니다.

예컨대 부부가 한 채, 분가한 자녀가 한 채를 각각 소유하면서 자녀가 부모와 동거하는 경우가 해당합니다. 이런 상황에서 만약 어느 한 채를 처분하면 원칙적으로 1가구 2주택이 되어 비과세 적용이 불가합니다.

물론 일선 세무서에서 특별한 경우가 아니라면 일일이 찾아다니며 세대 분리 여부를 확인하지 않고, 공부(公簿, 등기와 주민등록)를 기준으로 과세대상을 일단 파악하긴 합니다. 그래서 자녀의 세대 분리는 결혼, 만 30세 이상, 일정 소득 등의 요건을 충족하는 경우 세법상 인정됩니다. 이런 요건을 갖추지 않으면 세무당국에서는 일단 의심부터 한다고 생각해야 합니다.

또 이혼하지 않은 채 따로 사는 이른바 '별혼' 상태인 남녀가 각각 한 채씩 주택을 소유하다 어느 한쪽이 매각하면 1세대 2주택으로 양도소득세가 부과됩니다. 반대로 법률상 이혼했으나 생계를 같이 하면 비과세 대상에서 제외될 수 있습니다.

양도소득세
비과세 자가진단법은?

세알못 35살, 직장인이며 울산에 제 명의로 된 주택을 1채 가지고 있습니다. 그 집은 2년 이상 전세를 주고 부모님과 함께 살고 있습니다. 이런 상황에서 울산에 있는 집을 팔면 양도세가 부과되나요? 비과세를 적용받으려면 어떻게 해야 하나요?

택스코디 주택을 팔면서 양도소득세를 내지 않으려면 '1세대가 1주택을 2년 이상 보유'해야 합니다. 2017년 8월 3일 이후 조정대상지역에서 주택을 취득하면 2년 이상 거주해야 합니다. 1세대 1주택자가 양도소득세 비과세를 적용받기 위한 조건은 다음과 같습니다.

대상이 주택이어야 한다	주택이란 주거용 건물로서 문서상의 용도가 아닌 사실상의 용도로 판정합니다. 예를 들어 오피스텔이 서류에 사무실로 기재되어 있더라도 실제 거주용으로 사용한다면 그 오피스텔을 주택으로 봅니다.
1세대를 대상으로 한다	1세대란 배우자와 기타 가족이 생계를 같이하고 있는 집단을 말합니다. 이런 가족 구성원들을 통틀어 1세대로 보는데, 판정은 주민등록등본을 통해 이뤄집니다. 다만, 배우자가 없더라도 30세 이상이거나 중위소득 40% 이상 소득세법상 소득이 있다면 1세대로 인정됩니다. 만약 부모님이 따로 살고 있지만, 건강보험 등의 이유로 주민등록을 옮겨 놓은 상태에서 집을 양도하면 1세대 1주택으로 보지 않을 수 있어 세금이 부과될 수도 있습니다. 또 양도일 전부터 다른 주택 등이 없는 상태에서 1주택만 보유해야 합니다.
2년 이상 보유 및 거주해야 한다	1세대 1주택 비과세를 적용받기 위해서는 원칙적으로 2년 이상 주택을 갖고 있어야 합니다. (조정대상지역에서 취득했다면 2년 거주 요건도 갖추어야 합니다.)

그렇다면 세알못 씨가 소유한 주택은 세금이 부과될까요? 위 내용을 바탕으로 순서대로 3가지 질문을 해봅시다.

1번	주택인가?	세알못 씨 부동산은 주택입니다.
2번	1세대 1주택인가?	부모님과 함께 1세대를 이루고 있으므로 1세대 2주택이 됩니다. 따라서 본인 소유 양산 주택을 팔 때 양도소득세가 부과됩니다. 하지만 근로소득이 있으므로 세대 분리를 하면 1세대로 인정됩니다. 그러므로 세대를 분리해 1세대로 만들면 비과세를 적용받을 수 있습니다.
3번	2년 이상 보유 및 거주했나?	2년 이상 전세를 주고 있었으므로 보유 요건을 갖추었습니다. 울산은 취득 당시 조정대상지역이 아니므로 거주요건과는 무관합니다.

세금을 알면 돈이 보인다

2년 보유 및 거주요건을 채우지 못할 때 구제하는 제도가 있다

1가구 1주택 비과세 규정은 원칙적으로 2년 보유 및 거주요건을 충족해야 합니다. 이런 비과세 혜택을 계획하고 집을 샀지만, 보유 거주 요건을 채우지 못한 상태에서 1주택자가 부득이한 사유로 2년 보유 및 거주 요건을 채우지 못할 때 구제하는 제도가 있습니다.

세알못 부득이한 사유란 구체적으로 어떻게 되나요?

택스코디 세법상 허용한 '부득이한 사유'로는 취학과 근무상 형편, 질병의 요양 등입니다. 이때 주의해야 할 것은 세법이 열거한 부득이한 사유라도 최소 1년은 거주해야 2년 보유 거주 요건의 특례가 인정된다는 것입니다. 소득세법 시행령 154조는 '1년 이상 거주한 주택을 취학, 근무상의 형편, 질병의 요양, 그 밖에 부득이한 사유로 양도하는 경우 보유 거주 기간을 적용하지 않는 다'고 규정하고 있습니다.

여기서 주의할 것은 자녀 취학의 특례가 적용되는 학교급은 초 중학교는 제외되고 고등학교와 대학교에 한합니다. 또 해외 이주로 세대 전원이 출국하는 경우 출국일부터 2년 이내에 양도하면 보유 거주 요건을 충족하지 않아도 비과세 됩니다.

취학	초등학교, 중학교 제외하고 고등학교와 대학교에 한함
이직	다른 직장으로의 이직과 같은 직장의 전근 등 모두 포함. 자영업자의 사업장 변경은 제외
치료(요양)	1년 이상의 치료나 요양해야 하는 질병의 치료 또는 요양인 경우 (출산을 위한 치료 및 요양도 포함)
해외 이주	세대 전원이 출국하는 경우, 출국일부터 2년 이내에 양도하면 보유 거주 요건을 충족하지 않아도 비과세

보유 거주기간 특례는 부득이한 사유가 발생하기 전에 취득한 주택만 적용됩니다. 다시 강조하지만, 보유 거주기간 특례를 적용받기 위해서는 해당 주택에서 1년 이상 거주를 해야 합니다. 따라서 1년 보유만 하고 거주하지 않았다면 적용받을 수 없습니다. 거주기간 계산은 해석의 여지가 있지만, 취득일부터 양도하는 날까지의 보유 기간 중 거주한 기간을 기준으로 판단합니다.

마지막으로 부득이한 사유로 인해 주거이전의 경우 종전 주택의 양도 시기는 부득이한 사유가 발생한 후에서 부득이한 사유가 해소되기 전에

세금을 알면 돈이 보인다

양도해야 합니다. 규정의 취지가 단기간 내 해소되지 않는 부득이한 사유로 보유 및 거주기간을 충족하지 못하는 경우를 해소하기 위한 것이므로 만약 부득이한 사유가 해소됐다면 해당 특례를 적용받을 수 없습니다.

2

1세대 1주택인데,
양도세를 내야 한다고?

문제 1	1세대 1주택자입니다. 보유기간이 3년 이상이고, 거주기간이 2년 이상 3년 미만이면 장기보유특별공제율은요?
문제 2	누진공제액은 무엇을 말하는 건가요?
문제 3	1세대 1주택자도 고가주택이면 양도세가 부과된다고 들었습니다. 다음과 같은 경우에 세금은 얼마나 나올까요? (양도가액: 20억 원, 취득가액: 2억 원, 1세대 1주택자로 비과세 요건 갖춤, 10년 보유 및 거주)

이번 장에서는 위에서 말한 문제들에 대한 답을 찾아가는 과정을 통해 '양도소득세 계산 구조', '장기보유특별공제', '누진세율', '1세대 1주택 고가주택 양도소득세 계산방법'을 스스로 터득할 것입니다.

1세대 1주택이더라도 12억 원이 넘으면 양도소득세가 발생한다

세알못   15억 원짜리 집이면 비싼 집인가요? 그 집을 가진 사람은 부자인가요?

택스코디   조세에 부의 재분배 기능이 있으므로 부자들은 더 많은 세금을 냅니다.

부자 징표 중 하나가 비싼 집입니다. 그러면 얼마나 비싸야 비싼 집일까요? 이에 과세당국이 내놓은 답은 '12억 원'입니다. 집값이 이 기준액을 초과할 때 고가주택으로 간주할 수 있다는 게 과세당국의 설명입니다.

다시 세알못 씨 질문으로 돌아가 봅시다. 정부 기준대로라면, 15억 원짜리 주택 보유자는 부자 맞습니다. 집값이 고가주택 기준을 넘기 때문입니다. 부자가 아닌 사람보다 더 많은 세금을 물어야 하는 중과(重課) 대상이 될 수 있습니다.

집을 팔 때 차별 가능성은 현실화됩니다. 산 가격보다 조금이라도 비싼 가격에 비싼 집을 거래했다면 그때 남긴 시세차익(양도차익)의 대가가 세금입니다. 바로 양도소득세입니다. 저가주택은 비과세가 기본이니 집값이 12억 원을 넘지만 않았으면 감당할 필요가 없었을 손해입니다.

> "1세대가 양도일 현재 국내에 1주택을 보유하고 있는 경우 보유 기간이 2년 이상일 때는 양도세가 부과되지 않습니다. 다만 양도 당시 실지거래가액(실거래가)이 12억 원을 초과하는 고가주택은 제외합니다."

국세청 안내입니다. 저가와 고가주택을 가르는 금액 기준선이 '실거래가 12억 원'으로 명시돼 있습니다. 기준금액보다 비싸게 거래된 고가주택이면 아무리 보유 기간이 길어도 양도소득세를 면제해 줄 수 없다는 말입니다. 참고로 고가주택 기준액이 12억 원으로 조정된 것은 2021년 12월입니다.

양도소득세 부과 토대가 실제 거래가격인 것은 기본적으로 실현된 소득(양도차익)에 세금을 물리는 세무 원칙과 관련이 깊습니다. 다만 주의할 게 있습니다. 양도소득세가 취득세와 함께 거래세로 분류되는 게 일반적이기는 하지만, 거래액이 아니라 양도자가 주택 거래로 남긴 시세차익, 즉 소득이 과세표준이라는 사실입니다. 다시 말해 거래가격이 12억 원을 넘는 고가주택이어도 양도 때 소득(양도차익)이 발생하지 않았거나 양도자가 손해(양도차손)를 봤다면 세금이 없습니다. 가령 15억 원에 산 주택을 손해 보며 13억 원에 팔았다면 양도소득세가 부과되지 않습니다.

양도소득세 계산 구조부터 이해하자

양도소득세를 계산하려면 먼저 양도가액에서 취득가액, 필요경비 (자본적 지출액 및 양도비 등) 를 차감해 양도차익부터 계산하고, 3년 이상 보유한 주택을 양도할 때 적용하는 장기보유 특별공제액을 공제해 양도소득금액을 계산합니다. 여기에 기본공제 250만 원을 차감해 산출한 양도소득 과세표준에 세율을 곱하면 양도소득산출세액이 계산됩니다. 공식으로 표현하면 다음과 같습니다.

▶ **양도소득세 계산 구조**

1. 양도차익	양도가액 – 취득가액 등 필요경비
2. 양도소득금액	양도차익 – 장기보유특별공제액
3. 과세표준	양도소득금액 – 기본공제
4. 산출세액	(과세표준 × 세율) – 누진공제

양도소득세를 줄여주는 장기보유특별공제란?

장기보유한 주택을 양도 시 양도소득금액을 계산할 때 양도차익의 일정 부분을 공제해 주는 제도를 '장기보유특별공제'라고 합니다.

주택 및 조합원입주권을 3년 이상 보유하고 양도하는 경우에는 양도차익에서 보유기간 또는 거주기간별 공제율을 곱하여 장기보유특별공제액을 계산합니다.

- 장기보유특별공제액 = 양도차익 (양도가액 - 취득가액 등 필요경비)
    × 보유·거주기간별 공제율

일반적 경우 보유기간이 3년 이상인 토지 건물 조합원입주권(조합원으로부터 취득한 것은 제외)에 대한 장기보유특별공제액은 다음과 같습니다.

세금을 알면 돈이 보인다

▶ 일반적 장기보유특별공제율

보유 기간	3년~	4년~	5년~	6년~	7년~	8년~	9년~	10년~
공제율	6%	8%	10%	12%	14%	16%	18%	20%
보유 기간	11년~	12년~	13년~	14년~	15년~			
공제율	22%	24%	26%	28%	30%			

　1세대 1주택 양도소득세 비과세는 주택가격(양도가액)이 12억 원 이하일 때에 적용합니다. 1세대 1주택이라도 12억 원을 초과하는 부분에 대해서는 양도소득세를 계산해서 부담해야 합니다. 이때에도 보유 기간과 거주기간에 따른 장기보유특별공제(보유 기간 × 4% + 거주기간 × 4%, 10년 최대 80%)를 적용받을 수 있습니다. 다음과 같습니다.

▶ 1세대 1주택 장기보유특별공제율

구분		3년~	4년~	5년~	6년~	7년~	8년~	9년~	10년~
공제율	보유 기간	12%	16%	20%	24%	28%	32%	36%	40%
	거주기간	12%	16%	20%	24%	28%	32%	36%	40%
	합계	24%	32%	40%	48%	56%	64%	72%	80%

세알못　1세대 1주택자입니다. 보유기간이 3년 이상이고, 거주기간이 2년 이상 3년 미만이면 장기보유특별공제율은요?

택스코디　다음과 같습니다.

'보유기간 3년: 12% + 거주기간 2년: 8% = 20%' 공제율이 적용됩니다.

장기보유특별공제율 적용 시 보유기간과 양도소득세 세율 적용 시 보유기간 계산에 대해 혼동하는 경우가 많은데, 일반적인 상황에서 보유기간 계산방법은 동일하나 상속받은 주택 등의 경우 다음과 같은 차이가 있습니다.

구분	장기보유특별공제율 적용	세율 적용
원칙	취득일 ~ 양도일	취득일 ~ 양도일
상속받은 주택	상속개시일 ~ 양도일	피상속인(사망자)의 취득일 ~ 양도일
배우자 등 취득가액	증여자 취득일 ~ 양도일	증여자 취득일 ~ 양도일

세알못 장기보유특별공제를 적용받지 못하는 경우는요?

택스코디 다음과 같습니다.

미등기 양도주택, 다주택자가 조정대상지역에 있는 주택을 양도하는 경우, 국외에 있는 주택, 보유기간이 3년 미만인 주택, 조합원으로부터 취득한 조합원입주권을 양도하는 경우

세금을 알면 돈이 보인다

누진세율을
바로 이해하자

소득세율은 8단계 초과누진세율 구조로 되어있습니다. 과세표준의 크기에 따라 8단계로 구분되며 과세표준 크기가 커질수록 더 높은 세율이 적용되는 구조라서 '초과누진'세율이라고 합니다.

다음 페이지 표처럼 단계별로 낮게는 6%부터 최대 45%까지의 세율이 적용되며 총 8단계가 있습니다. 최고세율은 45%이지만 소득세의 1/10에 해당하는 지방소득세가 가산되므로 실제로는 49.5%라고 봐도 됩니다. 실무에서는 지방소득세까지 반영해 6.6%, 16.5%, 26.4%⋯ 이런 식으로 표현하기도 합니다.

▶ 종합소득세 누진공제표

과세표준	세율	누진공제액
1,400만 원 이하	6%	
1,400만 원~5,000만 원 이하	15%	126만 원
5,000만 원~8,800만 원 이하	24%	576만 원
8,800만 원~1억 5천만 원 이하	35%	1,544만 원
1억 5천만 원~3억 원 이하	38%	1,994만 원
3억 원~5억 원 이하	40%	2,594만 원
5억 원~10억 원 이하	42%	3,594만 원
10억 원 초과	45%	6,594만 원

일반인 중에는 소득세 세율을 알고 있는 경우도 많습니다. 그런데 그 적용방법에 대해서는 오해를 하는 경우가 종종 있습니다.

예를 들어 과세표준이 1,600만 원이라면 해당 구간은 세율 15%가 적용된다는 것까지는 알고 있습니다. 그런데 세율이 15%이므로 산출세액은 '1,600만 원 ×15% = 240만 원'으로 계산되는 것으로 이해하고 있습니다. 그렇다면 과세표준이 1,400만 원일 때는 세율이 6%인데 1,401만 원이 되면 세율이 15%로 급등하게 되어 차라리 1,400만 원을 초과하는 1만 원은 벌지 않는 것이 나은 상황이 되죠. 이것은 뭔가 불합리합니다. 그러므로 세율을 적용할 때는 단순하게 과세표준에 해당 구간의 세율을 곱하는 것이 아니라 금액에 따라 각 구간에 해당하는 세율을 다음처럼 순차적으로 적용합니다.

세금을 알면 돈이 보인다

- 1,400만 원 × 6% + 200만 원 15% = 114만 원

위 계산법처럼 과세표준 1,600만 원은 15% 세율이 적용되는 구간이
긴 하지만 1,400만 원까지는 6%를 그대로 적용하고 1,400만 원을 초과
하는 200만 원에 대해서만 15%가 적용되는 것입니다.

| **세알못**　위 표 오른쪽 누진공제액은 무엇을 말하는 건가요?
| **택스코디**　누진공제액을 표시하는 이유는 실무적으로 다음과 같이 계산
　　　　　　하면 편리하기 때문입니다.

- 1,600만 원 × 15%(한계세율) - 126만 원(누진공제액) = 114만 원

위와 같이 과세표준 전체 금액에 한계세율을 바로 곱하고 누진공제액
을 빼줘도 계산 값은 같습니다.

1세대 1주택 고가주택
양도소득세 계산해 보자

1세대 1주택 비과세 요건을 충족하더라도 양도가액(실지거래가액)이 12억 원을 초과하는 고가주택이면 12억 원을 초과하는 양도차익에 대해서는 양도소득세를 내야 합니다. 고가주택 양도차익은 다음과 같이 안분 계산합니다.

- 고가주택 양도차익 = 고가주택 전체의 양도차익 × (양도가액 -12억 원) / 양도가액

세알못　1세대 1주택입니다. 양도가액은 20억 원 (취득가액 2억 원)입니다. 과세대상 양도차익은 얼마인가요?

택스코디　다음과 같습니다. (필요경비는 취득가액 외에는 없는 거로 가정)

- 고가주택 양도차익 = 고가주택 전체의 양도차익 × (양도가액 -12억 원) / 양도가액 = (20억 원 - 2억 원) × (20억 원 - 12억 원) / 20억 원 = 7억 2천만 원 (과세대상 양도차익)

세알못　1세대 1주택자도 고가주택이면 양도세가 부과된다고 들었습니다. 다음과 같은 경우에 세금은 얼마나 나올까요?

◦ 양도가액 : 20억 원

◦ 취득가액 (필요경비 포함) : 2억 원

◦ 1세대 1주택자로 비과세 요건 갖춤, 10년 보유 및 거주

택스코디　결론부터 말하자면 고가주택 양도로 18억 원의 양도차익이 발생했으나, 일부 비과세 혜택과 장기보유 특별공제의 혜택으로 세금 부담은 양도차익과 비교해 미미할 것입니다. 다음처럼 양도차익부터 먼저 계산 후 앞서 배운 과세양도차익을 계산해야 합니다. 그다음은 장기보유특별공제액을 구하면 됩니다.

◦ 양도차익 = 20억 원 - 2억 원 = 18억 원

◦ 과세양도차익 = 18억 원 × (20억 원 - 12억 원) / 20억 원

　　　　　　 = 7억 2천만 원

◦ 장기보유 특별공제액 = 7억 2천만 원 × 80% = 5억 7천 6백만 원

다시 복습하면 장기보유 특별공제는 부동산을 3년 이상 보유하면 적용되는 제도로서 현재는 다음과 같이 이원화되어 있습니다.

일반적 경우	3년 이상 부동산을 보유하면 6~30%를 공제함. 보유 기간 3년은 6%, 4~14년까지도 연간 2%씩을 적용하고, 15년 이상은 30%를 적용함.
1세대 1주택 (일시적 2주택 포함)	10년 이상 보유 및 거주 시 최대 80% 적용 가능.

- 양도소득금액 = 과세양도차익 - 장기보유 특별공제

  = 7억 2천만 원 - 5억 7천 6백만 원 = 1억 4,400만 원

- 과세표준 = 양도소득금액 - 기본공제 = 1억 4,400만 원 - 250만 원

  = 1억 4,150만 원

- 산출세액 = 과세표준 × 세율 = 1억 4,150만 원 × 35% - 1,544만 원

  (누진공제액) = 3,408만 5,000원

정리하면 고가주택 양도로 인해 18억 원의 양도차익이 발생했으나 비과세 혜택으로 10억 8,000만 원, 장기보유특별공제액 5억 7,600만 원으로 총 16억 5.600만 원에 해당하는 과세표준이 줄어들었습니다. 그로 인해 양도소득과세표준은 1억 4,150만 원이 되었고, 그에 따른 양도소득세는 3,408만 5,000원 밖에 나오지 않았습니다.

다음 페이지의 표를 참고합시다.

세금을 알면 돈이 보인다

구분	금액	비고
양도가액	20억 원	
- 취득가액(필요경비)	2억 원	
= 양도차익	18억 원	
= 과세양도차익	7억 2천만 원	18억 원 × (20억 원 - 12억 원) / 20억 원
- 장기보유 특별공제	5억 7천 6백만 원	7억 2천만 원 × 80%
= 양도소득금액	1억 4천 4백만 원	7억 2천만 원 - 5억 7천 6백만 원
- 기본공제	250만 원	
= 과세표준	1억 4,150만 원	1억 4,400만 원 - 250만 원
× 세율	35%	누진공제액 1,544만 원
= 산출세액	3,408만 5,000원	1억 4,150만 원 × 35% - 1,544만 원

3

집 한 채밖에 없는데,
세금 공부해야 하나?

문제 1	2012년 10월에 대구시 내 주택 한 채(A 주택)를 취득했습니다. 이후 2021년 2월에 또 다른 주택(B 주택)을 취득했고, 그해 10월엔 경상북도 청도군 내 농어촌주택(시골집)을 샀습니다. 2023년 12월에 A 주택을 처분할 계획을 세웠습니다. 저와 같이 일시적 2주택을 보유한 1세대가 농어촌주택을 추가로 취득하고 A 주택을 양도하면 '1세대 1주택 특례'를 적용받을 수 있나요?
문제 2	상속을 받아 2주택이 되었습니다. 주택 중 하나를 팔려고 합니다. 기존 주택과 상속주택 중 어떤 주택을 먼저 파는 것이 좋나요?
문제 3	각각 주택과 분양권을 가진 두 남녀가 결혼했는데, 몇 년 이내에 주택을 양도하면 일시적 2주택 비과세 특례를 받을 수 있나요?
문제 4	1주택자이고 아파트 분양권을 샀습니다. 다주택자 규제를 피하려면 어떻게 해야 하나요?

이번 장에서는 위에서 말한 문제들에 대한 답을 찾아가는 과정을 통해 '일시적 2주택 비과세 특례 요건', '일시적 2주택 비과세 판정법', '다양한 사례 중 일시적 2주택 비과세 여부' 등을 스스로 터득할 것입니다.

우리 집도 팔면
양도세 안 내도 되나?

주택시장 변화에 따라 양도소득세 규정은 정말 자주 바뀌었습니다. 덩달아 1세대 1주택, 특히 일시적인 1세대 2주택에 대한 양도소득세 비과세 요건도 수시로 개정돼 혼란이 많았습니다. 주택가격 하락과 함께 다시 관련 규정들이 단순화되었지만, 일시적인 2주택의 양도소득세 비과세 판단은 여전히 어렵고 복잡해 보입니다.

먼저 1주택자가 양도소득세 비과세를 적용받으려면 2년 이상 보유한 뒤에 팔아야 합니다. 2년도 지나지 않아 다른 주택으로 갈아타는 경우는 1주택자라고 하더라도 투기목적의 단기매매로 보고 비과세 혜택을 주지 않기 때문입니다. 단기 보유 주택은 오히려 더 높은 양도세율을 적용합니다. 2년 미만은 60%, 1년 미만은 70% 세율로 양도소득세를 계산합니다.

세알못 그렇다면 집을 산 지 2년이 넘지 않은 시점에서 갈아탈 집을 먼저 사고, 종전 주택 보유 기간이 2년을 넘기를 기다려도 될 것 같은데요.

택스코디 이 경우에도 주의할 점이 있습니다. 반드시 종전 주택을 취득한 날로부터 1년은 지난 후에 갈아탈 집을 사야 합니다.
종전 주택을 취득한 날로부터 '1년이 지난 후에 신규주택을 취득한 때'에만 일시적 1세대 2주택으로 인정받을 수 있기 때문입니다.

1주택자(일시적 2주택 포함)는 2년 이상 보유하면 양도소득세 비과세 혜택을 받을 수 있습니다. 다시 복습해 보면 취득 당시 조정대상지역의 주택은 2년 이상 보유하면서 2년 이상 거주도 해야 합니다. 여기서 2년 거주요건은 보유하는 기간을 통산해서 따집니다. 총 보유 기간 중 2년 이상만 거주했다면 요건을 갖춘 게 됩니다. 1년 거주하고, 임대를 놓다가 다시 1년 거주해서 2년을 채웠다면 거주요건을 갖춘 겁니다.

1세대 1주택자라도 이사를 하거나 집을 갈아타는 경우 일시적으로 2주택이 되는 기간이 있을 수 있죠. 새로 산 집과 팔 집의 보유 기간이 잠시 겹치는 겁니다.

이때 3년 내에만 종전 주택을 처분하면 종전에 보유하던 주택을 팔 때 생기는 양도소득세를 비과세합니다. 그냥 1세대 1주택자처럼 말이죠. 일시적 2주택 판정은 다음과 같이 1·2·3 법칙만 기억하면 됩니다.

1	종전 주택과 새로운 주택의 취득일 사이 보유 기간이 1년 이상이 될 것
2	종전 주택의 양도일 현재 비과세 요건 (2년 보유 또는 거주요건)을 갖출 것
3	새로운 주택을 취득한 날로부터 3년 내 종전 주택을 처분할 것

1·2·3 법칙을 정리해보면 먼저 국내 1주택(종전 주택)을 소유한 1가구가 종전 주택을 양도하기 전 새집을 취득해 일시적으로 2주택이 된 경우, 종전 주택을 취득한 날로부터 1년 이상이 지난 후 새집을 취득한 날로부터 3년 내 종전 주택을 양도하면 1가구 1주택자로 보고 비과세를 적용합니다. 물론 양도하는 종전 주택은 2년 보유(거주)기간 등 비과세 요건은 갖춰야 합니다.

일시적 2주택 + 농어촌주택, 비과세 가능할까?

세알못 2012년 10월에 대구시 내 주택 한 채(A 주택)를 취득했습니다. 이후 2021년 2월에 또 다른 주택(B 주택)을 취득했고, 그해 10월엔 경상북도 청도군 내 농어촌주택(시골집)을 샀습니다. 2023년 12월에 A 주택을 처분할 계획을 세웠습니다.

저와 같이 일시적 2주택을 보유한 1세대가 농어촌주택을 추가로 취득하고 A 주택을 양도하면 '1세대 1주택 특례'를 적용받을 수 있나요?

택스코디 원칙대로라면 2주택 이상을 보유하다가 그중 한 채를 먼저 팔게 되면 양도소득세를 면제받지 못할 뿐 아니라 조정대상지역에 소재한 주택일 땐 오히려 중과된 세금을 맞습니다. 그러나 농어촌주택이 있다면 이야기가 달라집니다. 세법에선 일반주택 1채를 보유하다가 취득한 농어촌주택은 보유 주택 수에 포함하지 않아도 되는 혜택을 주고 있습니다. 도시의 주택과 농어촌주택을 함께 보유하더라도 결국 1주택자인 셈입니다.

물론 단순히 농어촌에 집이 있다고 해서 세금 혜택을 받을 수는 없습니다. 기간이나 장소, 규모 등 세법에서 정한 요건을 갖추어야 합니다. 기간만 떼어내서 보면, 2003년 8월 1일(고향 주택은 2009년 1월)부터 2025년 12월 31일까지 기간 내 농어촌주택을 취득해 3년 넘게 보유해야 합니다. 세알못 씨는 이런 요건을 모두 갖췄다고 가정하고, 앞서 배운 1·2·3 법칙을 적용해 봅시다.

1	종전 주택과 새로운 주택의 취득일 사이 보유 기간이 1년 이상이 될 것	만족: A 주택 취득 후 1년 경과 후 B 주택 취득
2	종전 주택의 양도일 현재 비과세 요건 (2년 보유 또는 거주요건)을 갖출 것	만족: A 주택 2년 이상 보유
3	새로운 주택을 취득한 날로부터 3년 내 종전 주택을 처분할 것	만족: 계획대로 2023년 12월에 팔면 3년 내 종전 주택을 처분하게 됨

정리하면 종전 주택을 취득하고 1년이 지난 후 비조정대상지역에 소재한 신규주택을 취득해서 일시적 2주택을 보유한 1세대가 조특법에 따른 농어촌주택을 취득한 경우로서, 일시적 2주택 중 종전 주택을 신규주택 취득일부터 3년 이내에 양도하는 경우에는 국내에 1개의 주택을 소유하는 것으로 봅니다. 따라서 '1세대 1주택 비과세 특례'가 적용된다는 말입니다.

기존 주택과 상속주택 중
어떤 것을 먼저 양도해야 하나?

세알못   상속을 받아 2주택이 되었습니다. 주택 중 하나를 팔려고 합니다. 기존 주택과 상속주택 중 어떤 주택을 먼저 파는 것이 좋나요?

택스코디   결론부터 말하자면 기존 주택을 먼저 양도하는 것이 유리합니다.

일반적인 양도소득세 계산방법은, 1세대 1주택자가 주택을 양도할 때는 고가주택 (12억 원 초과)만 과세하고, 1세대 2주택자는 어떤 주택을 양도하더라도 양도소득세가 나옵니다. 다만 몇 가지 예외가 있습니다. 앞서 본 것처럼 일시적 2주택인 경우 기존 주택을 3년 이내에 양도하면 양도소득세가 부과되지 않습니다.

또한, 세알못 씨처럼 주택을 상속받아 2주택이 되었을 때, 기존 주택을 먼저 양도하면 기간에 상관없이 양도소득세가 나오지 않습니다. (물론 기존 주택이 비과세 요건을 갖추어야 합니다. 만약 기존 주택을 취득한 지 1년밖에 안 됐다면 상속 이후 1년을 추가로 보유한 후 양도해야 비과세 혜택을 적용받을 수 있습니다.)

| 세알못 공동으로 상속받은 경우는요?

| 택스코디 다른 상속인과 공동으로 상속받은 경우에도 마찬가지입니다. 공동으로 상속받은 모든 상속인은 비과세 요건을 갖춘 기존 주택을 먼저 양도하는 경우에는 비과세되며, 반대로 상속받은 주택지분을 먼저 양도하는 경우에는 양도소득세가 부과됩니다.

| 세알못 각각 주택과 분양권을 가진 두 남녀가 결혼했는데, 몇 년 이내에 주택을 양도하면 일시적 2주택 비과세 특례를 받을 수 있나요?

| 택스코디 보유하고 있는 분양권을 2021년 1월 1일 이후 취득했다면 주택과 동일하게 봅니다. 따라서 결혼과 동시에 일시적으로 주택이 두 채가 됩니다. 이 경우 결혼한 날로부터 5년 이내에 결혼 전 소유하던 주택 1채(보유기간 등 비과세 요건을 충족한 경우)를 양도하면 1세대 1주택 비과세를 적용받을 수 있습니다.

그리고 1주택을 보유하고 1세대를 구성한 사람이 1주택을 보유하고 있는 60세 이상의 직계존속을 동거봉양하기 위해 세대를 합쳐 1세대가

세금을 알면 돈이 보인다

2주택을 보유하게 되는 경우 합친 날부터 10년 이내에 먼저 양도하는 주택 (보유기간 등 비과세 요건을 충족한 주택을 말함)을 이를 1세대 1주택으로 보아 비과세를 적용합니다.

여기서 직계존속의 나이는 세대를 합친 날을 기준으로 판단하며, 2019년 2월 12일 이후 양도분부터는 중증질환이 발생한 부모의 동거봉양 등을 지원하기 위해 암, 희귀성 질환 등 중대한 질병이 발생한 60세 미만의 직계존속과 합가한 경우까지 확대 적용합니다.

일시적 1주택 1분양권, 양도소득세 비과세 적용받으려면?

집을 한 채 보유한 가구가 추가로 분양권을 얻은 뒤 3년 안에 기존 집을 팔면 과세당국이 양도소득세를 따질 때 1주택자로 간주합니다. 다시 말해 주택을 한 채 산 뒤 1년 뒤에 분양권을 취득한 경우에는 분양권 취득 후 3년 이내에 기존 주택을 판다면 1주택자 대우를 받게 되는 것입니다.

분양권도 양도소득세를 매길 때 주택 수에 포함하기로 소득세법이 개정됨에 따라 분양권을 입주권과 동일하게 적용하기로 한 것입니다. 상속이나 혼인, 동거봉양 합가 등으로 1주택 1분양권이 된 경우에도 입주권처럼 양도소득세 비과세 특례 적용이 가능합니다.

세알못 1주택자이고 아파트 분양권을 샀습니다. 다주택자 규제를 피하려면 어떻게 해야 하나요?

택스코디 2021년 1월 1일 이후 새로 산 분양권부터 주택 수에 포함됩니다. 이미 주택을 보유한 경우라면 2주택자가 되는 셈입니다.

다만 '일시적 1주택 1분양권'으로 인정받는 때는 '1세대 1주택 비과세'를 그대로 적용받을 수 있고, 조정대상지역에서의 2주택자 중과세율 적용대상에서도 빠집니다.

여기서 일시적 1주택 1분양권으로 인정받으려면 분양권을 산 뒤 3년 이내에 기존 주택을 팔거나, 새 주택이 완공된 뒤 2년 이내에 세대 전원이 이사해 1년 이상 거주하고, 기존 주택을 팔아야 합니다.

오피스텔 재산세 줄이려다
세금폭탄?

문제 1	직장인이며 최근 아파트를 사려고 알아보는 중입니다. 하지만 기존에 보유하고 있는 오피스텔 때문에 집을 살 때 취득세가 중과(重課)될 수도 있다는 말을 들었습니다. 오피스텔은 사용 용도에 따라 세금이 많이 달라진다고 하는데, 불이익을 당하지 않으려면 어떤 점들을 챙겨봐야 하나요?
문제 2	주거용 오피스텔이 주택 수에 포함되면 종합부동산세에는 어떤 영향을 미칠까요?
문제 3	은퇴를 앞두고 있습니다. 노후생활비로 국민연금은 턱없이 부족할 것 같아서 오피스텔 한 채를 샀습니다. 시가표준액은 건물분 8천만 원, 토지분 1억 2천만 원입니다. 오피스텔을 샀을 때는 사무실로 사용했는데 현재는 공실입니다. 최근 재산세 고지서가 날아와서 금액을 확인해 봤는데, 큰 금액은 아니지만, 오피스텔 재산세가 생각보다는 많았습니다. 그런데 주변에서 변동신고를 하면 세금을 덜 낼 수 있다고 합니다. 어떻게 하면 좀 줄일 수 있나요?
문제 4	오피스텔을 주택분으로 변동신고 했다가 다시 건축물로 변경 가능한가요?

이번 장에서는 위에서 말한 문제들에 대한 답을 찾아가는 과정을 통해 '주거용 오피스텔과 업무용 오피스텔, 세금 차이', '오피스텔 재산세 변동신고 유불리' 등에 대해 스스로 터득할 것입니다.

주거용 오피스텔 때문에 취득세 중과된다?

오피스텔은 업무용과 주거용으로 모두 사용할 수 있습니다. 다만 세법에 따라 같은 오피스텔이라도 업무용인지 주거용인지 실제 사용 용도에 따라 세금은 다르게 부과됩니다. 실질과세가 원칙이기 때문입니다.

하지만 실제로 어떤 용도로 사용하는지 과세당국이 일일이 확인하는 것은 현실적으로 어렵습니다. 이러한 이유로 세금은 재산세 과세 대장 상 용도에 따라 구분해 부과합니다. 용도에 따라, 구입 시기에 따라 달라지는 주거용 오피스텔과 관련한 복잡한 세제에 대해 살펴봅시다.

> **세알못** 직장인이며 최근 아파트를 사려고 알아보는 중입니다. 하지만 기존에 보유하고 있는 오피스텔 때문에 집을 살 때 취득세가 중과(重課)될 수도 있다는 말을 들었습니다. 오피스텔은 사용 용도에 따라 세금이 많이 달라진다고 하는데, 불이익을 당하지 않

세금을 알면 돈이 보인다

으려면 어떤 점들을 챙겨봐야 하나요?

택스코디 오피스텔은 '주거용'으로 분류하기도 하고, '업무용'으로 분류하기도 합니다. 주거용 오피스텔은 주택법상 준주택에 속합니다. 주택은 아니지만, 주택으로 사용될 수 있는 주거시설이라는 의미입니다. 전입신고 후 주택으로 사용하고 있다면 준주택으로 분류합니다. 싱크대, 침대 등 주거에 필요한 내부 시설을 설치할 수 있습니다.

반면 사무실 등으로 사용하는 오피스텔은 주택이 아닌 업무용입니다. 업무용 오피스텔을 갖고 있으면 사업자에 해당하고, 그 수입에 대해서는 종합소득세와 부가가치세를 내야 합니다.

특히 주거용 오피스텔은 취득 시기, 분양권, 청약 등 상황에 따라 다른 법률이 적용돼 주의해야 합니다. 먼저 오피스텔과 주택은 취득 순서에 따라 취득세가 달라집니다. 세알못 씨처럼 주거용 오피스텔을 한 채 갖고 있는데 추가로 다른 집을 매수하면 2주택자가 됩니다. '주택분 재산세'를 내는 상황에서는 취득세를 계산할 때 오피스텔이 주택 수에 포함돼 더 높은 세율(조정대상지역 3주택자 이상 최대 6%)이 적용되는 것입니다.

하지만 다른 주택을 보유한 상태에서 오피스텔을 살 때는 업무용으로 보고 취득세(4.6%)를 부과합니다. 투자 등을 위해 오피스텔을 사려면 일단 다른 집을 먼저 산 뒤 구매하는 게 세금 측면에서 유리한 셈입니다.

이때 오피스텔에 '주택분 재산세'가 부과되고 있다고 해서 무조건 다주택자가 되는 건 아닙니다. 개정된 주택 관련법에 따라 2020년 8월 12일 이후에 구매한 오피스텔만 주택으로 분류합니다. 그 이전에 산 오피스텔이라면 주택분 재산세를 내고 있더라도 보유 주택 수에 포함하지 않습니다.

　오피스텔 분양권만 가진 경우도 주택으로 판단하지 않습니다. 오피스텔은 주거용이나 업무용 모두 사용할 수 있으므로 실제로 사용하기 전까지는 그 용도를 확정할 수 없기 때문입니다. 아파트, 빌라 등의 분양권이 주택에 포함되는 것과는 대조적입니다.

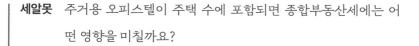

주거용 오피스텔, 종합부동산세에는 어떤 영향을 미치나?

세알못 주거용 오피스텔이 주택 수에 포함되면 종합부동산세에는 어떤 영향을 미칠까요?

택스코디 매년 6월 1일 지자체에서는 보유한 부동산에 대해 재산세를 부과합니다. 그리고 이 재산세를 낸 부동산 중 일정 금액을 넘는 부동산에 대해 종합부동산세를 부과합니다.

부과 여부는 재산세의 유형에 따라 갈리는데, 오피스텔은 공부상 근린생활시설로 구분돼 상가분 재산세를 부과합니다. 주거용으로 오피스텔을 사용하고 있더라도 재산세는 공부상의 목적에 따라 세금이 부과되므로 주택분 재산세를 내지 않는 오피스텔은 종합부동산세 대상에서 제외됩니다.

하지만, 오피스텔을 임대주택으로 등록했거나 세금을 줄이기 위해 주택분 재산세 부과를 신청했다면 살펴봐야 합니다. 이 경우에는 지자체에서 주택분 재산세를 부과하므로 재산세 과세대상이 될 수 있습니다. 세금을 덜 내기 위해 용도를 변경했지만, 주택으로 간주해 예상치 못한 세금폭탄을 맞게 될 수 있는 것입니다.

참고로 청약을 할 때도 완전히 다른 조건이 적용됩니다. 용도에 상관없이 오피스텔만 가진 경우라면 청약을 할 때 무주택으로 간주합니다. 주거용 오피스텔이라고 해도 주택으로 보지 않는 것입니다. 이는 청약을 할 때는 주택법과 주택공급에 관한 규칙의 적용을 받기 때문입니다. 주택법에선 주택을 단독주택과 공동주택으로 구분하고, 오피스텔은 주택의 범주에 포함하지 않습니다. 청약 자격을 판단할 때 오피스텔을 보유 주택 수에 포함해야 한다는 법률 규정이 없는 것입니다.

오피스텔, 팔기 전에도 꼼꼼히 따져보자

오피스텔을 팔기 전에도 꼼꼼히 따져 봐야 합니다. 주거용 오피스텔은 1가구 1주택 비과세나 다주택자 중과를 판단할 때 보유 주택에 포함돼 판단합니다. 가령 주택 한 채와 주거용 오피스텔을 한 채 갖고 있다면 2주택자로 간주하므로 1세대 1주택 양도소득세 비과세 혜택을 받을 수 없습니다.

또 업무용이라고 하더라도 사실상 주택으로 사용하는 경우에는 주택으로 봅니다. 하지만 오피스텔을 실제로 업무용으로 사용하면 주택에 포함되지 않습니다.

양도소득세를 부과할 때는 주택의 실질 용도를 중심으로 세금을 부과합니다. 오피스텔은 공부상으로는 업무용 시설이지만 주거용으로 임대하는 경우가 많아 오피스텔을 팔거나 오피스텔을 보유한 상태에서 다른 주택을 팔 때 주택 수에 포함해 양도소득세에 큰 영향을 미칠 수 있습니다.

주거용 오피스텔을 가지고 있다가 팔 땐 주택과 동일하게 적용합니다. 주거용 오피스텔도 1주택으로 간주해 중과하고 1세대 1주택이면 12억 원 이하까지 양도소득세 비과세 혜택도 받습니다. 조정대상지역에서는 2년 실거주 요건도 적용받을 수 있습니다.

따라서 주거용 오피스텔을 갖고 있으면서 보유하고 있는 아파트를 팔아야 하는 사람이라면 주거용 오피스텔을 상업용이나 업무용으로 전환하는 방법을 사용할 수 있습니다. 이렇게 용도를 전환하면 양도소득세 중과를 피할 수 있습니다. 오피스텔에 거주하는 세입자를 내보내고 나서 사무실이나 접객 시설 등으로 용도를 변경하는 것입니다.

이렇게 주거용 오피스텔이 상업용이나 업무용으로 전환되면 주택이 아닌 것으로 간주합니다. 또한, 보유세 중과 여부를 판단하는 주택 수 기준에서도 빠져 절세에 활용할 수 있습니다.

오피스텔 재산세 변동신고를 하면
세금을 덜 낼 수 있다?

세알못   은퇴를 앞두고 있습니다. 노후생활비로 국민연금은 턱없이 부
족할 것 같아서 오피스텔 한 채를 샀습니다. 시가표준액은 건물
분 8천만 원, 토지분 1억 2천만 원입니다. 오피스텔을 샀을 때
는 사무실로 사용했는데 현재는 공실입니다. 최근 재산세 고지
서가 날아와서 금액을 확인해 봤는데, 큰 금액은 아니지만, 오
피스텔 재산세가 생각보다는 많았습니다. 그런데 주변에서 변
동신고를 하면 세금을 덜 낼 수 있다고 합니다. 어떻게 하면 좀
줄일 수 있나요?

택스코디   오피스텔은 건축법상 업무 시설에 해당합니다. 정확히는 집은
아니라는 것입니다. 그래서 건축물을 보유하고 있다고 원칙적
으로 봅니다. 그런 이유로 집으로 사용하고 있다고 신고를 하지

않는 이상 재산세는 토지분과 건축물이 따로 부과됩니다. 시가표준액을 기준으로 보면 이분은 건물분 재산세는 14만 원이고, 토지분 재산세는 약 16만 8천 원으로 해서 전부 30만 원 정도를 고지받을 것으로 보입니다.

이때 재산세 과세대상변동신고를 이용할 수 있습니다. 쉽게 말해 상가로 보는 오피스텔을 주택이다고 신고를 하는 것입니다. 그러면 재산세를 좀 적게 더 낼 수 있습니다.

재산세를 계산할 때, 공시가격에 공정시장가액비율을 곱하고 거기에 세율을 곱해서 세금을 계산합니다. 토지와 건축물은 이 공정시장가액비율이 70%인데 주택 같은 경우에는 60%입니다. 그러니 같은 공시가격이라고 하더라도 주택이라면 세금이 줄어들게 됩니다. 따라서 오피스텔을 변동신고 후 주택이라고 보면 (공정시장가액비율 60%를 곱하고 좀 낮은 세율을 적용) 세금이 15만 원, 거의 절반 수준으로 줄어들게 됩니다.

세알못 오피스텔만 놓고 보면 변동신고하는 게 이익이다? 여기서 '만'이라는 단어에 많은 뜻이 함축돼 있다는 기분이 듭니다.

택스코디 만약 다른 주택을 갖고 있으면서 오피스텔을 변동신고를 통해 주거용으로 바꾸면 문제가 생길 수 있습니다.

오피스텔을 주거용으로 변동신고를 하게 되면 보유하는 주택 수가 한 채가 늘어나게 됩니다. 1주택자는 2주택자가 되는 거고, 2주택자였다면 이제 3주택자가 되어서, 다주택자가 되는 상황에 놓이게 됩니다. 그래서 재산세를 절세하려고 변동신고를 했는데, 다른 세금 (취득세나 양도소득세) 관계도 달라져 문제가 생길 수 있습니다.

예를 들어 1주택자는 공시가격 12억 원까지는 종합부동산세를 내지 않습니다. 그런데 2주택자가 되는 순간 공제금액이 9억 원으로 줄게 됩니다. 따라서 가지고 있는 모든 주택 공시가격의 합이 9억 원을 넘으면 종합부동산세를 내야 합니다. 오피스텔 시가표준액이 2억 원이었으니, 만약 공시가격 7억 원 이상의 집을 갖고 있다면 종합부동산세 대상이 된다는 것입니다.

주택분으로 변동신고 했다가 다시 건축물로 변경 가능할까?

세알못 그럼 오피스텔을 주택분으로 변동신고 했다가 다시 건축물로 변경 가능한가요?

택스코디 돌이킬 수는 있지만, 쉽지 않다고 생각을 하면 됩니다.

공실로 돼 있으면 가능하다고 생각하는데, 상가로 임대한 흔적(주거용으로 임대를 하다가 실제로 상가로 임대를 해야 한다)이 그다음에 한 번 있어야 합니다.

세알못 실제로 상가로 활용하고 있다는 사진 같은 것을 통해 입증해야지 변경할 수 있다는 말인가요?

| 택스코디 네, 그렇습니다.

참고로 (임차인이) '거주기간 동안 전입신고를 하지 않는다', 이런 식으로 특약을 넣는 때도 있는데, 그 특약이 오히려 더 불리합니다. '주거용이 아니면 어차피 전입신고 안 하는데 왜 전입신고를 하지 말라고 특약에 넣어?'라고 생각할 수 있습니다. 그러므로 이런 부분이 오히려 더 나중에 불리하게 작용할 수 있습니다.

정리하면 오피스텔 재산세를 줄이고 싶다면, 본인이 지금 전세나 월세 살고 있고, 다른 자가주택이 없는 경우에는 변동신고를 하는 게 이익이고. 그게 아니라 본인이 자가주택에 살고 있거나 추가로 다른 주택을 취득할 계획이 있다면 변동신고를 안 하는 게 나을 수 있습니다.

5

수도권 아파트 한 채만 있어도 상속세 발생?

문제 1	인터넷 검색을 해보니 과세표준 10억 이상이면 상속세 세율이 40%라고 합니다. 제가 소유한 아파트가 14억 정도 하니, 상속세를 계산해 보면 5억6,000만 원(14억 원 × 40%)이 계산됩니다. 정말 저의 생각처럼 집을 상속하면 상속세가 5억6,000만 원이나 나오는 것이 맞는 것인가요?
문제 2	사망 전 찾은 금액은 무조건 추정상속재산으로 간주하나요?
문제 3	50대 직장인입니다. 얼마 전 아버지로부터 아파트 한 채를 상속받았습니다. 곧 상속세를 신고해야 하는데 얼마로 평가해야 하는지 잘 모르는 상황입니다. 최근 유사한 부동산 거래가 없는 탓에 정확한 시세를 알 수 없기 때문입니다. 자칫 잘못된 금액으로 신고했다가 막대한 세금을 내야 할 수 있다는 점이 걱정됩니다.
문제 4	10억 원 미만인 아파트 한 채만 상속받아도 상속세가 나오나요?

이번 장에서는 위에서 말한 문제들에 대한 답을 찾아가는 과정을 통해 '상속세 과세표준의 이해', '상속공제와 세율', '추정상속재산', '상속세 신고가격' 등에 대해 스스로 터득할 것입니다.

서울에 집 한 채만 있으면 상속세가 나온다?

세알못 서울에 집 한 채만 있으면 상속세가 나온다는 신문 기사를 보고 고민이 생겼습니다. 열심히 일해 아파트 한 채를 겨우 장만했는데, 이마저도 자녀들에게 물려주려면 상속세를 내야 한다니 너무 억울합니다. 인터넷 검색을 해보니 과세표준 10억 이상이면 상속세 세율이 40%라고 합니다. 제가 소유한 아파트가 14억 정도 하니, 상속세를 계산해 보면 5억6,000만 원(14억 원 × 40%)이 계산됩니다. 정말 저의 생각처럼 집을 상속하면 상속세가 5억6,000만 원이나 나오는 것이 맞는 것인가요?

택스코디 정답부터 말하자면 위 계산은 틀렸습니다. 상속세를 계산하기 위해서는 과세표준과 누진세율에 대한 개념부터 알고 있어야 합니다.

세금을 알면 돈이 보인다

몇 년간 부동산 가격 급등으로 인해 부자들의 세금으로만 생각되었던 상속세가 일반 대중들도 부담할 수 있는 세금으로 인식되며 '상속세 대중화' 시대가 열렸습니다. 상속세를 내야 하는 대상은 분명 늘어났지만, 막상 본인 유고 시 상속세가 얼마나 나오는지 아는 사람은 드뭅니다. 세알못 씨처럼 정확한 계산은 하지 못한 채 인터넷으로 검색되는 대략적인 정보를 가지고 걱정을 하고 있거나, 반대로 상속세가 꽤 나오는데도 그 사실을 알지 못해 태평하게 준비하지 않는 사람도 있습니다.

'지피지기면 백전백승'이라고 합니다. 재산의 규모가 크지 않고 구성이 복잡하지 않다면 대략적인 상속세를 계산하는 것은 어렵지 않습니다. 상속세가 얼마나 나오는지 대략 알 수 있다면 상속세에 대한 지나친 낙관도 걱정도 하지 않아도 될 것이고, 그에 맞는 적절한 대응을 할 수 있습니다.

상속세,
이렇게 계산한다

상속세를 계산할 때에는 가장 먼저 상속될 순 자산이 얼마인가부터 파악해야 합니다. 순 자산이란 총자산에서 채무를 차감한 것입니다. 만약 세알못 씨가 다른 재산이 없고, 본인이 거주 중인 아파트 한 채만을 대출 없이 소유한 것이라면 다음처럼 순 자산은 14억 원이 됩니다.

순 자산 = 총자산 채무 = 14억 원 0원 = 14억 원

이렇게 순 자산이 정해지면 다음 순서는 공제항목들을 차감해 과세표준을 구해야 합니다. 공제항목만 제대로 이해하고 적용하면 사실상 상속세 계산은 끝입니다. 상속 시 적용되는 공제는 종류가 매우 다양하고 요건도 복잡하지만, 세알못 씨의 경우는 실제 사망하여 상속세를 계산하는 것이 아니라 현재 시점에서의 대략적인 상속세를 추정하는 것이기 때

세금을 알면 돈이 보인다

문에 일반적으로 특별한 요건 없이 적용받을 수 있는 공제인 일괄공제, 배우자상속공제, 금융재산공제만을 적용해 계산해봐도 충분합니다.

과세표준 = 순 자산 - 상속공제

이제 상속세 과세표준을 계산해 봅시다. 먼저 일괄공제 금액은 5억 원입니다. 일괄공제 대신 기초공제 2억과 그 밖의 인적공제를 합한 금액을 적용할 수도 있지만, 그 밖의 인정공제가 대부분은 3억이 넘기가 매우 어렵고 현재 상태에서 추정하기 어려우므로 일괄공제 5억 원을 적용합니다. 두 번째로 배우자상속공제는 배우자가 생존해 있다면 최소 5억 원에서 최대 30억 원까지 공제 가능합니다. 이렇게 일괄공제 5억 원과 배우자상속공제 5억 원을 더하면 최소 10억의 공제는 확보됩니다.

세알못 '재산이 10억이 넘지 않으면 상속세를 내지 않는다'는 말을 들었는데, 이 두 가지 공제를 두고 말한 것이군요.

택스코디 네, 맞습니다. 그런데 여기서 주의할 점은 배우자공제 시 최대 30억 원이라고 해도 배우자의 법정상속지분 이상은 공제되지 않는다는 점입니다.

가령 세알못 씨가 배우자와 자녀 2명의 4인 가정이라면 배우자의 법정지분율은 1.5/3.5가 됩니다. 따라서 배우자상속공제액을 최대한 받더라도 6억 원(14억 원 × 1.5/3.5) 이상 받을 수 없습니다. 이렇게 순 자산에서 공제액들을 공제하면 과세표준이 계산됩니다. 세알못 씨의 경우 14억 원에서 일괄공제 5억 원, 배우자상속공제 6억 원을 적용하면 과세표준은 다음과 같이 3억 원이 됩니다.

- 상속재산 (14억 원) - 일괄공제 (5억 원) - 배우자공제 (6억 원)
  = 과세표준 (3억 원)

이제 과세표준에 세율을 적용하면 상속세가 계산됩니다. 과세표준이 3억 원이므로 1억 원에 10%를 곱한 금액에 1억 원을 초과한 2억 원에 대해 20% 세율이 적용됩니다. 이를 계산을 해보면 다음과 같습니다.

- 상속세 산출세액 = 1억 원 × 10% + 2억 원 × 20% = 5천만 원

단순히 인터넷에서 세율표를 보고 잘못 계산했던 상속세 5억6,000만 원은 상속공제와 초과누진세율을 적용하지 않고 단순히 세율만 보고 계산한 것입니다. 계산을 해보니 다행히도 걱정했던 만큼의 상속세는 아닙니다. 하지만 계산된 5,000만 원의 상속세 역시 결코 가벼운 세금은 아닙니다.

참고로 상속세 세율표는 다음과 같습니다.

세금을 알면 돈이 보인다

과세표준	세율	누진공제액
1억 원 이하	10%	-
1억 원 초과 5억 원 이하	20%	1천만 원
5억 원 초과 10억 원 이하	30%	6천만 원
10억 원 초과 30억 원 이하	40%	1억 6천만 원
30억 원 초과	50%	4억 6천만 원

예측할 수 없는 상속,
이것 남겨두자

상속개시일 전 재산을 처분하거나 예금을 인출 또는 채무를 부담한 경우 사용처가 객관적으로 명백하지 않은 금액은 이를 상속인이 상속받았다고 추정해 상속세 과세가액에 더하게 되는데 이를 '추정상속재산'이라고 합니다.

　이는 피상속인이 상속개시 전에 재산을 처분해 과세자료의 노출이 쉽지 않은 현금 등으로 상속인에게 증여 또는 상속함으로써 상속세를 부당하게 줄이는 것을 방지하기 위한 제도입니다.

| **세알못**　그럼 사망 전 찾은 금액은 무조건 추정상속재산으로 간주하나요?

| **택스코디**　아닙니다. 추정상속재산은 피상속인이 재산을 처분하거나 예금을 출금한 금액이 기준금액 이상일 때 적용합니다. 이때 기

준금액이란 사망일부터 소급해 1년 이내에 2억 원 이상이거나 2년 이내에 5억 원 이상인 경우이며, 금액의 계산은 재산의 종류별로 구분해 판단합니다. 이때 재산종류별이란 현금·예금 및 유가증권, 부동산 및 부동산에 관한 권리, 그 밖의 재산 등 3가지로 분류됩니다.

예를 들어 아버지가 상속개시 1년 이내에 1억 5,000만 원짜리 부동산을 처분하고 예금에서 1억 원을 출금한 후 그 출처가 명확하지 않은 상태에서 상속이 개시됐다면 부동산 처분대금과 예금 인출액의 합계가 1년간 2억 원을 초과하지만, 재산의 종류별로는 용도 불분명 금액이 2억 원을 넘지 않으므로 상속추정 규정을 적용하지 않습니다. 예금과 부동산은 재산의 종류가 다르므로 합산해 판단하지 않기 때문입니다.

특히 유념해야 할 것은 1년에 2억 원이 통장에서 인출된 내역뿐만 아니라 유가증권 및 공과금, 카드사용에 따른 인출액 등을 포함한 금액이라는 것입니다. 따라서 매월 200만 원씩 카드를 사용하는 부모의 통장에서 매월 1,500만 원씩 출금했을 경우 연간 인출액이 2억 원이 되지 않지만, 카드사용액과 합치면 2억 원이 넘기 때문에 이는 추정상속재산에 포함됩니다.

살다 보면 부부 사이에도 각자의 재산을 어디에 썼는지 모르는 경우가 상당히 많습니다. 그런 상황에서 부모가 출금해 사용하는 현금을 어디다 썼는지를 상속인들이 모두 알기는 어려운 것이 현실입니다.

따라서 우리가 사용처를 모르는 모든 재산에 대해 추정상속재산으로 보는 것이 아니라 미소명 금액에서 재산가액의 20%와 2억 원 중 적은 금액을 차감해 가산합니다. 예를 들어 상속개시일 1년 이내 부동산 처분 금액이 5억 원이나 그 용도가 확인된 금액이 2억 원이라면 미입증금액 3억 원 전체가 아니라 2억 원만 추정상속재산이 됩니다.

　상속은 우리가 예측할 수 없습니다. 이처럼 예상치 못한 세금을 신고 및 납부해야 되는 상황이 발생할 위험성이 있다는 것을 고려해 평상시 예금을 출금하거나 부동산을 처분한 대금이 있다면 증빙을 남겨놓는 습관을 갖는 것이 자녀를 위하는 길이라고 할 수 있습니다.

세금을 알면 돈이 보인다

상속세 신고가격
어떻게 정하나?

세알못 50대 직장인입니다. 얼마 전 아버지로부터 아파트 한 채를 상속받았습니다. 곧 상속세를 신고해야 하는데 얼마로 평가해야 하는지 잘 모르는 상황입니다. 최근 유사한 부동산 거래가 없는 탓에 정확한 시세를 알 수 없기 때문입니다. 자칫 잘못된 금액으로 신고했다가 막대한 세금을 내야 할 수 있다는 점이 걱정됩니다.

택스코디 상속세가 부과되는 아파트 가액은 크게 3가지 기준 '순서대로' 평가해야 합니다. 상속일 6개월 전부터 상속세 신고일까지 유사한 아파트 매매사례 가액, 상속일 2년 전부터 상속일 6개월 전까지 유사한 아파트 매매사례 가액, 상속일 현재 고시된 공동주택 가격 등입니다.

| **세알못**　유사한 아파트란 구체적으로 무엇을 말하나요?

| **택스코디**　'유사한 아파트'란 '상속 아파트와 같은 공동주택 단지 내 있으면서 주거전용 면적과 공동주택 가격 차이가 5% 이내인 대상'을 말합니다. 이 같은 조건을 충족하는 아파트가 둘 이상이면 상속 아파트와 공동주택 가격 간 격차가 가장 적은 매물이 이에 해당합니다.

가령 상속개시일이 2023년 6월 30일이고, 2년 전인 2021년 7월 1일부터 6개월 전인 2022년 12월 31일까지 약 1년 6개월 동안에만 매매사례가액(10억 원)이 있다면 상속일 전후 6개월 동안엔 매매사례가 없다고 해서 공동주택가격(5억 원)으로 신고할 경우 문제가 생길 수 있습니다.

따라서 상속일 앞뒤로 6개월간 매매사례가 없다는 이유로 공동주택가격으로 상속세를 신고해도 그 전 매매사례가액인 10억 원을 기준으로 상속세를 재계산 해 세금이 추징될 가능성이 큽니다.

현행 상속세 및 증여세법(상·증세법) 시행령에서는 그 매매 계약일과 상속일까지의 기간에 가격 변동 상 특별한 사정이 없는 경우 납세자, 지방국세청장 또는 관할 세무서장이 신청하는 때 평가심의위원회 심의를 거쳐 그 매매가액을 시가에 포함할 수 있도록 규정하고 있기 때문입니다. 이에 따라 과세당국은 상속일 전 2년 이내 기간에 매매가액이 있다면 대부분 매매 계약일부터 상속일까지 기간에 특별한 가격 변동 사정이 없다고 판단합니다.

세금을 알면 돈이 보인다

결국, 과세당국이 상속세 세무조사를 시행한다면 해당 규정을 적용해 심의회 심의 절차 후 상속세 전 2년 이내 거래된 유사 아파트 매매사례가액으로 평가할 것입니다.

세알못 최근 부동산 거래가 없었음에도 1~2년 전 부동산 시장 상승기 때 가격을 기준으로 시세를 평가받는 게 불합리하다고 생각합니다. 몇 달 사이에도 가격이 수억 원씩 뛰는 등 가파른 상승세를 보인 바 있기 때문입니다.

택스코디 이때는 상속일을 기준으로 삼아 감정평가액으로 상속 아파트를 신고하는 게 합리적 방안이 될 수 있습니다. 상속일 전후 6개월 이내 대상 아파트 자체 감정평가액이 있으면 유사한 아파트 가액을 볼 필요 없이 해당 금액을 기준으로 채택해 상속 시점에 하락해있는 부동산 시세를 반영할 수 있습니다. 이 경우 세알못 씨와 같이 상승기 때 매매사례가액으로 책정돼 과다한 상속세를 내는 문제를 해소할 수 있습니다.

아파트 가격 10억 원 미만, 상속세 내야 하나?

세알못 10억 원 미만인 아파트 한 채만 상속받아도 상속세가 나오나요?

택스코디 다시 복습하자면 상속세는 피상속인의 재산에서 채무와 상속공제를 빼고 계산합니다. 이렇게 계산된 상속재산 전체에 대해 과세를 하고 남은 금액을 상속인끼리 나눠 가지는 구조입니다. 상속공제가 어떻게 적용되는지에 따라 상속세가 부과될 수 있고 아닐 수도 있습니다. 다음 페이지의 표를 봅시다.

10억 원의 주택 한 채를 상속받으면, 배우자와 자녀 모두 있을 때는 최소 10억 원이 공제돼 상속세가 나오지 않습니다. 반면 배우자 없이 자녀만 있다면 공제금액이 줄어들어 같은 가격의 주택에 대해 상속세가 부과될 수 있습니다.

세금을 알면 돈이 보인다

▶ 배우자, 자녀 유무에 따른 상속공제

배우자와 자녀가 있을 때	
공제금액 10억 ~ 35억 원	
일괄공제	5억 원
배우자공제	5억 ~ 30억 원
배우자만 있을 때	
공제금액 7억 ~ 32억 원	
기초공제	2억 원
배우자공제	5억 ~ 30억 원
자녀만 있을 때	
공제금액 5억 원	
일괄공제	5억 원

또 하나 고려해야 할 점이 취득세입니다. 상속세가 부과되지 않더라도 낼 세금이 없는 건 아닙니다. 상속받은 주택에 대한 취득세를 내야 하기 때문입니다.

국민주택규모 초과 주택에 대해서는 3.16%(지방교육세, 농어촌특별세 포함)의 취득세율이 적용됩니다. 수도권 85㎡ 이하, 비수도권 100㎡ 이하 국민주택규모 주택이라면 농어촌특별세 0.2%는 비과세돼 2.96%가 적용됩니다. 무주택 상속인 1가구가 상속주택을 취득한 경우에는 더 낮은 0.96%의 세율이 적용됩니다.

6

상속공제만 잘 알아도
상속세가 줄어든다

문제 1	만약 상속인이 자녀 1명, 배우자 1명이라 가정하고, 상속금액은 30억인데, 어머니가 다 가져갔다면 정말 30억, 배우자공제 30억 원 최대한도 내로 다 받을 수가 있는 건가요?
문제 2	오히려 어머님께 다 드린 효자인데, 세금은 더 내야 하는 그런 상황이 되네요.
문제 3	아파트를 자녀 단독으로 상속하는 경우 말고, 집 지분을 어머니하고 자녀가 나눠 갖게 되면 어떻게 되나요?

이번 장에서는 위에서 말한 문제들에 대한 답을 찾아가는 과정을 통해 '배우자 상속공제', '동거주택 상속공제', '금융재산 상속공제' 등에 대해 스스로 터득할 것입니다.

배우자 상속공제, 최대 30억을 받을 수 있다

'배우자는 사망한 남편 또는 아내하고 재산을 공동으로 형성했다'라는 부분이 있으므로 배우자공제를 추가로 적용을 해 주고 있습니다. 최소 금액은 5억 원부터 최대 30억 원까지를 공제 실제 배우자가 받는 금액을 기준으로 해 주고 있습니다.

세알못 만약 상속인이 자녀 1명, 배우자 1명이라 가정하고, 상속금액은 30억인데, 어머니가 다 가져갔다면 정말 30억, 배우자공제 30억 원 최대한도 내로 다 받을 수가 있는 건가요?

택스코디 이때는 말이 조금 달라집니다. 먼저 법정상속 비율에 대한 이해가 필요합니다. 상속인들끼리 재산 협의가 잘 안 되는 때에는 법에서 정해져 있는 비율대로 상속이 이뤄지는 비율을 말합니

세금을 알면 돈이 보인다

다. 만약 상속인이 자녀만 3명이라면, 법정상속 비율은 1:1:1로 동등합니다. 배우자는 여기에 5할을 가산해서 1.5배 적용이 되고 있습니다. 따라서 세알못 씨 경우처럼 자녀와 배우자 1명이 상속인이라고 한다면 1 대 1.5가 되고 이 법정상속 비율에 해당하는 금액을 한도로 해서만 공제를 받을 수가 있습니다.

세알못 그럼 30억 다 공제받는 게 아니네요.

택스코디 그렇습니다. 예를 들어서 한번 살펴보면 상속재산이 30억 원이고 배우자가 실제로 다 30억 원을 가져갔다 했을 때 30억 원을 다 공제받을 수 있는 게 아니라 법정상속 비율인 배우자 1.5 대 자녀 1로 구분을 한 실제 18억 원 (30억 원 × 1.5/2.5)까지를 한도로 적용을 해서 18억 원만 공제를 받을 수가 있습니다.
여기에 일괄공제 5억 원을 더해 총 23억 원을 공제받게 됩니다.

세알못 그러면 재산이 30억 되는 사람들이 얼마나 되겠습니까? 최대가 30억이라 제가 먼저 물어본 거고 최소로 받을 수 있는 게 5억이었습니다. 그러면 일괄공제 5억 원, 배우자공제 5억 원을 더해 최소 10억 원은 상속세 걱정 안 해도 되는 범위에 들어오는 겁니까?

택스코디 네, 맞습니다. 사망 당시에 배우자와 자녀가 있으면 최소 10억 원까지는 상속세 걱정은 안 해도 됩니다.

배우자 상속공제액은 5억~30억 원까지 공제금액이 많고 상속개시일 이후 협의분할에 따라 공제의 금액이 달라질 수 있어 상속세 절세에 많이 활용됩니다. 배우자 상속공제를 5억 원 초과해 받으려고 한다면 상속세 과세표준 신고기한 다음날부터 9개월이 되는 날까지 배우자의 상속재산을 분할 (부동산의 경우 등기까지 완료)하고 납세지 관할 세무서장에게 신고해야 합니다. 해당 요건을 지키지 않으면 상속세 조사 시 공제가 일부 부인당할 수 있으므로 주의해야 합니다.

2차 상속을
고려하자

아버지가 사망 당시에 10억 원의 재산을 가지고 있었는데, 이때 자녀가 어머니를 위해서 상속재산을 모두 양보해서 어머니가 다 가져갔다고 해도 어차피 상속세는 발생하지 않습니다. 일괄공제 5억 원과 배우자공제를 활용하면 상속세는 발생하지 않겠죠. 그런데 어머니가 사망하는 두 번째 상속이 발생할 때, 어머니가 상속재산을 한 푼도 쓰지 않고 10억 원을 그대로 물려줬다고 한다면 자녀가 상속을 받을 때는 일괄공제 5억 원을 적용받을 수 있지만, 배우자가 없으므로 배우자공제를 적용받을 수 없어서 상속세 9,000만 원을 내야 하는 상황이 됩니다.

- 상속재산 10억 원 일괄공제 5억 원 = 상속세 과세표준 5억 원
- 상속세 = 과세표준 × 세율 = 5억 원 × 20% - 1천만 원(누진공제)
  = 9천만 원

세알못 오히려 어머님께 다 드린 효자인데, 세금은 더 내야 하는 그런 상황이 되네요.

택스코디 그렇죠. 효자가 오히려 세금을 더 많이 내야 하는 아이러니한 상황이 될 수 있겠죠.

세알못 그럼 처음부터 반반 나눠 가지면 어때요?

택스코디 반반 나눠 가진다고 가정해 상속세를 계산해 봅시다. 1차 상속 때는 상속세가 발생하지 않겠죠. 그리고 어머니가 상속재산 5억 원을 한 푼도 쓰지 않고 사망해서 그대로 재차 상속이 발생했다 하더라도 일괄공제 5억 원으로 전부 다 공제를 받을 수 있으므로, 2차 상속 때도 상속세는 발생하지 않게 됩니다. 따라서 그냥 처음부터 반반씩 나눠 갖는 게 더 유리합니다.

세알못 그럼 처음 상속이 개시될 때, 자녀한테 10억 원을 전부 몰아주면 그때는 어떻게 될까요?

택스코디 처음부터 자녀한테 10억 원을 다 몰아준다 하더라도 상속세는 발생하지 않습니다. 배우자 상속공제는 배우자가 한 푼도 받아 가지 않아도 살아 있기만 하면 5억 원의 최소 공제금액은 적용해주고 있으므로 이때도 10억 원까지는 상속세가 발생하지 않습니다.

세금을 알면 돈이 보인다

정리하면 어머니하고 자녀가 반반씩 나눠 가진 경우, 그리고 자녀가 10억 원을 모두 상속받은 경우, 이 두 경우는 상속세가 발생하지 않고 가장 안 좋은 경우는 첫 상속에 어머니가 모두 가져가는 경우입니다.

부모님과 같이 살면
상속세를 아낄 수 있다

세알못 배우자와 자녀가 있으면 일단 10억 원까지는 상속세 걱정을 안 해도 된다고 했는데, 서울은 웬만한 집이 다 10억 원을 넘어가는 경우가 많잖아요. 그럼 15억 원짜리 아파트를 상속받았을 때는 어떻게 되나요?

택스코디 상속재산이 15억 원이라고 한다면 최소 10억 원까지는 상속세가 없으므로, 나머지 5억 원에 대해서는 상속세가 나와야만 하겠죠. 그런데 여기서 '동거주택 상속공제'를 적용받을 수 있다고 하면 상속세를 안 낼 수도 있습니다.

동거주택 상속공제란 하나의 주택에서 사망한 피상속인과 상속인인 자녀가 상속일로부터 소급해서 과거 10년 이상 같이 살았다고 하면, 이때 최대 금액 6억 원까지 공제를 받을 수 있는 제도를 말합니다. 따라서 방금 말했던 것처럼 15억 원의 아파트라면 일괄공제 5억 원, 배우자공제 최소 5억 원 그리고 동거주택 상속공제 5억 원으로 남은 금액까지 공제를 받게 되면 15억 짜리 아파트를 상속받았다고 하더라도 상속세는 한 푼도 내지 않을 수 있습니다.

세알못 아파트를 자녀 단독으로 상속하는 경우 말고, 집 지분을 어머니 하고 자녀가 나눠 갖게 되면 어떻게 되나요?

택스코디 동거주택 상속공제는 배우자는 받을 수가 없습니다. 상속인인 자녀만 받을 수 있으므로 상속인인 자녀가 받은 지분에 대해서 만 공제를 적용받을 수가 있습니다.

피상속인을 봉양한 경우 동거주택 상속공제를 받을 수 있습니다. 다음 요건에 맞으면 피상속인과 동거하던 주택의 가격에서 최대 6억 원까지 공제받을 수 있습니다. 예를 들어 동거하던 주택의 가격이 5억 원이라면 5억 원 전액이 공제되고, 10억 원이라면 6억 원만 공제됩니다.

요건 1	10년 이상 계속하여 1세대 1주택에 동거해야 한다.	군 복무 등으로 불가피하게 연속하여 거주하지 못한 경우에도 기간을 총 합산하여 10년 이상 동거했다면 공제가 된다. 다만, 자녀가 미성년자였던 기간은 제외된다.
요건 2	피상속인과 동거한 자녀가 주택을 상속받아야 한다.	동거한 자녀가 주택의 일부를 상속받더라도 그 지분에 해당하는 금액만큼 공제가 된다. 예를 들어 동거한 자녀가 10억 원의 주택 중 50%만 상속받으면 5억 원을 공제받을 수 있다. 배우자는 피상속인과 동거하였더라도 동거주택 상속공제가 적용되지 않는다.

참고로 2022년 1월 1일부터 직계비속뿐만 아니라 직계비속 사망에 따라 상속인이 된 며느리나 사위까지 공제 적용 범위가 확대됐습니다.

세금을 알면 돈이 보인다

상속공제, 한 방에 정리해보자

상속공제는 크게 공동상속인의 인적사항을 고려한 인적공제와 재산 현황을 고려한 물적공제로 나뉩니다.

대표적인 인적공제에는 일괄공제 5억 원, 배우자공제 최소 5억 원, 물적공제에는 금융재산공제 20%와 가업상속공제 100%가 있습니다.

일괄공제란 기초공제와 기타 인적공제를 합산해 5억 원 이하일 경우 일괄적으로 5억 원을 공제하는 제도입니다. 기초공제는 2억 원이고 기타 인적공제는 재산을 물려받는 배우자 자녀 등 상속인의 인적사항을 고려한 자녀공제 (1인당 5천만 원), 미성년자공제 (19세가 될 때까지 연수에 1천만 원을 곱한 금액), 연로자공제 (65세 이상 1인당 5천만 원), 장애인공제 (기대여명까지 연수에 1천만 원을 곱한 금액)가 있습니다.

대부분 기타 인적공제가 얼마 되지 않아 기초공제 2억 원과 기타 인적공제를 합치는 것보다 일괄공제 5억 원을 적용받는 것이 유리합니다. (다만, 남편과 아내가 있는 상태에서 남편이 사망해 다른 상속인이 없이 배우자가 단독으로 재산을 상속받는 때는 일괄공제를 적용하지 않고 기초공제 2억 원에 상속인 배우자에 대한 연로자공제와 장애인공제만 적용합니다.)

사망한 피상속인의 배우자가 실제 상속받는 재산이 있다면 그 금액을 상속재산에서 공제받을 수 있습니다. 다만, 배우자가 아무리 많은 재산을 상속받아도 배우자의 민법상 법정상속재산을 한도로 합니다. 또한, 배우자에게 한 푼도 재산이 상속되지 않아도 최저 5억 원이 공제되며, 아무리 많은 재산이 상속되어도 배우자공제는 30억 원을 한도로 합니다.

금융재산상속공제는 상속개시일 현재 상속재산가액 중 금융재산의 가액에서 금융채무를 뺀 순금융재산의 가액이 2,000만 원 이하이면 전액을, 2,000만 원을 초과하는 경우 20%와 2,000만 원 중 큰 금액을 2억 원을 한도로 공제해줍니다.

금융재산상속공제 적용 시에는 공제대상인지를 유의해야 하는데 현금, 자기앞수표, 임차보증금, 최대주주가 보유하고 있는 주식, 상속세 신고기한까지 신고하지 않은 타인 명의의 금융재산 등은 공제대상에 포함되지 않으니 주의해야 합니다.

세금을 알면 돈이 보인다

순금융재산이 2천만 원 이하일 경우	전액 공제
순금융재산이 2천만 원 초과 1억 원 이하일 경우	2천만 원 공제
1억 원을 초과할 경우	순금융재산의 20% (2억 원 한도)

2023년부터는 매출액 5,000억 원 미만 중견기업도 가업상속공제 활용이 가능해졌습니다. 2021년까진 중소기업, 매출액 4,000억 원 미만 중견기업에만 적용됐으나 그 범위가 확대된 셈입니다.

또 사망자를 포함한 최대주주가 지분 50% (상장법인 30%) 이상을 10년 이상 계속 보유해야만 했으나 앞으로는 그 수치가 40%(20%)로 낮아집니다.

공제 한도도 늘었습니다. 여태까지는 가업을 이어간 기간이 10년, 20년, 30년을 넘어서면 각각 200억 원, 300억 원, 500억 원을 공제받을 수 있었습니다. 이제부터는 한도가 100억 원씩 높아집니다. 가업 기간 30년을 지킨 부모님 회사 주식 600억 원을 물려받았다면 상속세는 '0원'이 된다는 뜻입니다.

7

사전증여, 과연 상속세
확 줄일 수 있을까?

문제 1	홀로 계시던 아버지를 여의었습니다. 아버지가 돌아가시기 몇 년 전 아버지 소유의 부동산 중 일부는 형의 아들에게 증여했고, 나머지는 저의 아들에게 유언대용신탁을 한 상태입니다. 사전증여재산을 포함하더라도 상속재산가액이 5억 원을 조금 넘는 수준이고 기본적으로 5억 원까지는 공제가 된다고 알고 있던 터라 상속세에 대해 딱히 걱정은 없었지만, 혹시나 하는 마음에 상담을 받아보기로 했습니다.
문제 2	사전증여를 하면 세금을 줄일 수 있나요?
문제 3	주택을 사전증여 받을 때 증여세뿐 아니라 취득세도 주의해야 한다면서요?
문제 4	사전증여할 때, 또 어떤 것을 주의해야 할까요?
문제 5	서울에서 직장을 다니고 있습니다. 최근 고민이 하나 생겼습니다. 평생 시골에서 농사만 지으며 살아오신 아버지가 이제는 힘이 부쳐 농사짓기가 힘드니 외아들인 저에게 농지를 증여해주겠다고 한 것입니다. 당장은 물론이거니와 나중에라도 농사를 지을 계획이 없는 저는 부친에게서 농지를 받게 되더라도 양도할 가능성이 매우 큽니다. 양도소득세 측면에서 농지를 지금 증여받는 것과 부친이 돌아가실 때 상속받는 것 중 어느 쪽이 더 유리할까요?

이번 장에서는 위에서 말한 문제들에 대한 답을 찾아가는 과정을 통해 '사전증여 시 주의할 점', '사전증여하면 유리한 경우', '사전증여 절세팁' 등에 대해 스스로 터득할 것입니다.

사전증여 하면 세금을 줄일 수 있을까?

| 세알못 사전증여를 하면 세금을 줄일 수 있나요?

| 택스코디 사전증여를 하면 때에 따라서는 절세 효과가 있을 수 있습니다. 상속할 재산이 미리 분산되면서 상속세 과세표준이 줄어들 수 있기 때문입니다. 이때 사전증여 시 증여재산 공제를 활용해 세금을 줄일 수 있습니다. 증여재산공제는 증여하는 주체가 누구냐에 따라서 증여세를 계산할 때 받은 재산에서 빼주는 금액입니다. 배우자에게 증여받으면 6억 원, 직계존속이나 직계비속은 5천만 원, 기타 친족은 천만 원까지 공제가 되기 때문에 해당 금액까지는 세금을 내지 않고 증여할 수 있습니다.

| 세알못 그러면 증여받을 때마다 이 혜택이 적용되는 건가요?

세금을 알면 돈이 보인다

택스코디 그렇지 않습니다. 증여재산공제는 증여를 받는 사람, 즉 수증자를 기준으로 각 증여자 그룹으로부터 10년 동안 단 한 번만 가능합니다. 예를 들어 성인 자녀가 아버지로부터 최초로 증여받은 5천만 원은 증여세를 내지 않지만, 10년 이내에 같은 증여그룹인 어머니나 할아버지로부터 다시 한번 증여를 받는다면, 두 번째 받은 재산부터는 증여세가 발생합니다.

물론 자녀의 경우 10년이 지나면 다시 한번 공제를 받을 수 있으므로 각 증여자 그룹별로 10년 단위로 증여하면 절세를 극대화할 수 있습니다. 따라서 최대한 수증자를 쪼개서 증여하는 것이 좋습니다.

세알못 '쪼개서 증여한다', 이게 무슨 말인가요?

택스코디 다시 말하지만, 증여재산공제는 수증자를 기준으로 적용하기 때문에 수증자가 여러 명으로 쪼개지면 공제금액이 여러 번 적용되는 효과가 발생합니다.

예를 들어 시가 10억 원인 아파트를 자녀 한 명에게 전부 증여할 때는 공제가 5천만 원만 적용되는 반면, 자녀 두 명에게 50%씩 증여하면 자녀 각각 5천만 원씩 총 1억 원의 증여재산공제를 받을 수 있습니다. 이에 따라 증여세가 7천만 원이나 줄어들게 됩니다.

현금보다 부동산을
사전증여 하자

세알못 사전증여할 때 어떤 것을 고려해야 할까요?

택스코디 사전증여를 하고 나서 10년 또는 5년 내 상속이 발생하면 절세
효과가 없을 수 있으니 주의해야 합니다. 그 이유는 세법에서는
상속개시일 이전 10년 내 고인이 상속인에게 증여한 재산과 5
년 내 상속인이 아닌 사람에게 증여한 재산은 상속재산에 합산
하도록 하고 있기 때문입니다.

예를 들어 아버지의 총재산이 20억 원인데 이 중 현금 5억을 자녀에
게 미리 증여하고 나서 10년 내 상속이 발생한다면, 기존에 증여했던 5
억 원은 상속재산에 합산되기 때문에, 사전증여 없이 전체재산을 상속받
는 것보다 오히려 세금을 3천만 원 더 내야 합니다. 따라서 사전증여를

세금을 알면 돈이 보인다

하기로 마음먹었으면 최대한 빨리하는 게 좋습니다.

세알못 그런데 현금 증여가 아니고 아파트를 사전증여한 후에 아파트 가격이 오르게 되면 어떻게 되나요?

택스코디 만약 부동산을 사전증여하고 나중에 가격이 많이 오르는 상황에는, 10년 내 상속이 일어나더라도 사전증여를 통해 절세 효과를 볼 수 있습니다. 사전증여한 부동산은 상속일의 시세가 아니라 증여 당시의 시세로 합산되기 때문입니다.

예를 들어 총재산 15억 원 중 10억 원짜리 아파트 1채를 자녀에게 미리 증여하고, 다른 재산이 5억 원 남은 경우를 가정해 봅시다. 나중에 아버지가 돌아가셨을 때 이 아파트가 20억 원까지 2배 상승했다면, 설령 10년 내 상속이 개시된다고 하더라도 사전증여를 할 때 세금을 2억 원 이상 줄일 수 있습니다. 상속재산에 합산되는 사전증여금액은 증여했던 당시의 아파트 가격인 10억 원으로 고정되기 때문입니다.

세알못 그럼 요즘처럼 아파트 가격상승이 큰 경우에는 무조건 사전증여하는 것이 낫겠네요?

택스코디 상황에 따라 다를 수 있습니다. 향후 적용받을 수 있는 상속공제가 크다면, 부동산 가격상승이 있더라도 사전증여 없이 재산을 상속 시점까지 가져가는 것이 더 좋습니다. 앞선 사례의 같은 조건에서 아파트가 20억 원이 아니라 13억 원으로 상승했다면, 차라리 사전증여하지 않고 상속 시점까지 가져가는 것이 세금을 5천만 원 덜 내게 됩니다.

이렇게 아파트 가격 상승률에 따라서 차이가 나는 이유는 상속공제금액이 증여재산공제보다 훨씬 크기 때문입니다. 자녀에게 증여하는 경우 증여재산공제는 5천만 원인 반면에, 상속공제는 배우자와 자녀가 있는 경우, 최소 10억 원을 적용받을 수 있습니다. 즉, 전체재산 중 상속공제로 차감되는 금액이 많으면, 어차피 상속재산에 대하여 낮은 세율이 적용될 것이므로, 이런 경우에는 사전증여를 하지 않는 것이 오히려 절세에 도움이 됩니다.

세알못　그럼 사전증여 시 유리한 경우는 언제인가요?

택스코디　다음 세 가지 경우로 정리해 볼 수 있습니다.

1. 부동산 등의 시세 상승이 클 것으로 예측되면 사전증여하는 것이 좋습니다.
2. 재산을 쪼개서 여러 사람에게 증여하면 사전증여 효과를 극대화할 수 있습니다.
3. 증여하고 나서 10년 후 상속이 예상되면 사전증여가 유리할 수 있습니다. 대신 적용받을 수 있는 상속공제가 크다면 사전증여가 필요 없을 수 있으니 함께 고려해야 합니다.

세금을 알면 돈이 보인다

주택 사전증여 시, 이것 주의해야 한다

세알못 주택을 사전증여 받을 때 증여세뿐 아니라 취득세도 주의해야 한다면서요?

택스코디 세법 개정으로 조정대상지역 3억 원 이상의 주택을 증여받는 경우 취득세가 크게 인상되었습니다. 기존에는 주택을 증여받을 때 취득세율이 3.5%입니다. 그런데 조정대상지역 3억 원 이상 아파트의 경우 취득세율이 12%로 중과됩니다. 따라서 사전증여를 할 때는 취득세가 중과되는지도 반드시 고려해야 합니다.

세알못 조정대상지역 내 주택을 증여받을 때, 취득세율이 상당히 커졌네요. 그럼 이 지역 내 3억 원 이상 아파트나 주택을 증여받을 때는 예외 없이 12%를 다 내야 하나요?

택스코디 예외가 있습니다. 1세대 1주택자가 보유하는 주택을 같은 세대를 구성하는 배우자나 자녀에게 증여하는 경우에는 중과가 적용되지 않습니다. 또한, 비조정대상지역의 아파트나 기준시가 3억 원 미만의 아파트를 증여받는 때에는 중과되지 않습니다.

세알못 부동산 사전증여 시 주의할 점은 무엇인가요?

택스코디 다음 세 가지를 주의해야 합니다.

1. 사전증여 후 10년 내 상속이 발생하게 되면 증여재산과 합산해 상속세가 계산되기 때문에 사전증여를 하더라도 딱히 유리하지 않을 수 있습니다.
2. 사전증여는 향후 고인의 상속재산 총합계를 예상해보고, 부동산의 가격 상승률, 그리고 상속공제의 규모 등 여러 가지 요소를 고려하여 결정해야 합니다.
3. 주택을 증여할 때 취득세가 크게 발생할 수도 있으므로 이 부분을 고려해야 합니다.

세금을 알면 돈이 보인다

손자에게 증여나 상속,
절세 측면서 무조건 유리할까?

A 씨는 몇 개월 전에 홀로 계시던 아버지를 여의었습니다. 아버지가 돌아가시기 몇 년 전 아버지 소유의 부동산 중 일부는 형의 아들에게 증여했고, 나머지는 A 씨의 아들에게 유언대용신탁을 한 상태입니다. 사전증여 재산을 포함하더라도 상속재산가액이 5억 원을 조금 넘는 수준이고 기본적으로 5억 원까지는 공제가 된다고 알고 있던 터라 상속세에 대해 딱히 걱정은 없었지만, 혹시나 하는 마음에 상담을 받아보기로 했습니다.

세알못 상속받는 배우자가 없더라도 기본 5억 원은 상속재산에서 공제가 된다고 알고 있습니다. 맞는가요?

택스코디 배우자 없는 상속의 경우라도 일괄공제 5억 원이 가능합니다. 다만 공제 한도를 두고 있습니다. 상속공제는 상속재산 중 사전증여재산의 과세표준가액과 법정상속인 외의 자에게 상속한 재산가액은 제외한 잔액을 한도로 하고 있습니다. 다시 말해 상속재산에 포함된 사전증여재산 등의 비중이 큰 경우 일괄공제 5억 원을 전부 받지 못할 수도 있습니다.

세알못 유언대용신탁을 통해 손자에게 상속한 것은 어떻게 되는가요?

택스코디 위 상황에서 손자는 법정상속인이 아닙니다. 따라서 손자에게 상속한 만큼 상속공제 한도가 줄어듭니다.

세알못 그럼 사전증여 당시 증여세를 전부 낸 상태이니, 해당 증여세는 상속세 계산 시 전액 공제되는 것이 맞는가요?

택스코디 상속재산에 포함된 증여재산의 기납부세액을 상속세 부담세액에서 공제해주는 것은 맞습니다. 다만, 기납부한 증여세액공제 또한 한도 규정이 있어 전액이 공제되지 않을 수 있습니다.

세알못 기납부한 증여세액의 공제 한도는 무엇을 기준으로 정해지는 건가요?

택스코디 증여세를 냈던 상속인의 상속세 분담세액을 한도로 기납부한 증여세액공제를 해주고 있으므로, 해당 분담세액이 애초 냈던 증여세보다 적을 때 전액 공제는 받지 못합니다.

세금을 알면 돈이 보인다

세알못 할아버지가 손자에게 미리 증여하는 것이 절세 측면에서 유리하다고 들었는데 오히려 세금 부담이 가중된 듯합니다. 왜 그렇게 된 건가요?

택스코디 통상적으로 세대를 건너뛴 증여가 절세 측면에서 유리한 것은 맞습니다. 어차피 손자에게 재산을 이전할 목적이라면 굳이 두 번의 취득세와 증여세를 부담하지 않고 단계를 거친 증여 시의 가치 상승 대비 상대적으로 낮은 평가액으로도 이전이 가능하기 때문입니다. 하지만 상속이 임박해 증여한다거나 아들이 아닌 손자에게 상속하는 경우라면 말이 달라집니다. 사전증여 등으로 인해 상속공제의 한도가 축소될 뿐 아니라 기납부했던 증여세 또한 온전히 공제받을 수 없는 경우가 대부분이므로 오히려 세 부담이 증가할 수 있다는 점에 유의할 필요가 있습니다.

시골 농지 사전증여,
상속 중 뭐가 더 유리할까?

세알못 서울에서 직장을 다니고 있습니다. 최근 고민이 하나 생겼습니다. 평생 시골에서 농사만 지으며 살아오신 아버지가 이제는 힘이 부쳐 농사짓기가 힘드니 외아들인 저에게 농지를 증여해주겠다고 한 것입니다. 당장은 물론이거니와 나중에라도 농사를 지을 계획이 없는 저는 부친에게서 농지를 받게 되더라도 양도할 가능성이 매우 큽니다. 양도소득세 측면에서 농지를 지금 증여받는 것과 부친이 돌아가실 때 상속받는 것 중 어느 쪽이 더 유리할까요?

택스코디 일반적으로 증여는 증여세의 많고 적음만을 가지고 실행할지 말지를 결정하기보다는 상속세를 절세하기 위해서 실행할 때가 많습니다. 다시 말하자면 상속재산 평가액이 일정 금액 이상

이어서 상속공제를 받더라도 상속세가 나올 것으로 예상하면, 사전증여를 통해 상속세 절세를 모색할 필요가 있습니다. 상속인으로 자녀와 배우자가 있다면 최소한 10억 원의 상속공제(일괄공제 5억 원 + 배우자공제 최소 5억 원), 자녀만 있다면 일괄공제로 5억 원의 상속공제가 되기 때문에 그 이하의 상속재산 규모라면 상속세는 발생하지 않습니다.

세알못 씨의 부친은 배우자와 함께 거주 중인 시골집 1채와 여러 필지의 농지(전답)를 본인 단독명의로 소유하고 있는데, 시골집과 농지는 20년 이상 보유해 왔기 때문에 상속재산의 시가 평가 원칙에도 불구하고 상속재산 평가액은 단독주택공시가격과 공시지가를 기준으로 계산해야 할 것입니다. 사전증여를 결정하기 전에 상속재산을 평가해 보고 상속세의 발생 여부와 발생한다면 어느 정도일 것인지를 먼저 산정해 봐야 합니다. 상속재산과 상속세 수준도 점검해보지 않고 무턱대고 증여를 실행한다면 상속세가 나오지 않을 규모의 재산인데 괜히 증여세를 내가며 증여하는 상황이 발생할 수도 있기 때문입니다. 물론 상속세 절세 목적이 아니라 증여를 받는 수증자의 필요, 또는 증여재산공제(성인 자녀 5,000만 원)를 최대한 활용하기 위한 목적의 사전증여가 이루어지는 때도 있기는 합니다.

아버지로부터 농지를 증여 또는 상속받은 후 경작하지 않고, 양도할 가능성이 크다면 양도소득세 또한 꼭 고려해야 하는 중요한 항목입니다. 취득가액은 증여 또는 상속 당시 개별공시지가로 평가되고 양도 당시 시세(시가)가 양도가액이 된다면 상당한 양도차익과 그에 비례한 양도소득세가 예상되기 때문입니다.

여기서 잠깐! 양도소득세와 관련해서는 '자경농지 세액감면' 요건을 충족할 경우 상당한 절세가 가능합니다. 농지소재지에서 거주하는 사람이 8년 이상 직접 경작한 농지를 양도하는 경우에는 양도소득세를 1년에 1억 원 한도 (5년간 세액감면 합계 2억 원 한도)로 감면해주는 것을 '자경농지 세액감면'이라고 합니다. 농지의 양도금액이 커서 내야 할 세액이 1억 원을 초과할 경우 한꺼번에 양도하지 말고 연도를 분산해서 양도한다면 양도소득세를 최대 2억 원까지 감면받아 절세할 수 있습니다.

세알못 저처럼 부모님이 8년 이상 토지 소재지에 거주(재촌)하면서 직접 경작(자경)한 농지를 증여 또는 상속받는 때에도 양도소득세를 감면받을 수 있을까요?

택스코디 자경농지 세액감면은 상속으로 받는 경우가 절대적으로 유리합니다. 부친이 8년 이상 재촌 자경한 농지를 세알못 씨가 상속받는 경우 부친(피상속인)이 경작한 기간도 세알못 씨(상속인)의 경작 기간으로 인정해주기 때문에 상속개시일(부친 사망일)로부터 3년 이내에 양도한다면 자경농지 세액감면 혜택을 받을 수 있게 됩니다.

세알못 3년 지나 양도하면요?

세금을 알면 돈이 보인다

택스코디　만약 상속개시일로부터 3년이 경과 하면 세알못 씨가 1년 이상
　　　　　계속해서 재촌 자경해야만 감면받을 수 있습니다.

　하지만 농지를 증여받으면 부친(피상속인)이 경작한 기간을 세알못 씨(상속인)의 경작 기간으로 인정받지 못합니다. 따라서 부친의 농지를 증여받는다면 세알못 씨가 직접 8년 이상 재촌 자경해야만 양도 시 자경농지 세액감면을 받을 수 있습니다.

　정리하면 농지를 받더라도 농사를 지을 계획이 없다면 부친으로부터 농지를 상속받아서 상속개시일로부터 3년 이내에 양도하는 것이 직접 경작하지 않고도 자경농지 세액감면을 받을 수 있으므로 양도소득세 측면에서 가장 유리합니다.

　참고로 부친의 농지는 세알못 씨가 양도하는 날 기준으로 농지여야 하고 공부상 지목이 아닌 실제 사용 용도가 농지여야 하며 농지소재지가 비도시지역(관리지역 농림지역 자연환경보전지역)이어야 감면 혜택을 받을 수 있습니다. 혹시 농지소재지가 도시지역 (주거지역 상업지역 공업지역)으로 편입되었다면 편입된 날로부터 3년이 경과 하면 감면 혜택을 받을 수 없습니다.

8

자금출처조사
미리미리 대비하자

문제 1	올해 만 32세로 평범한 직장인입니다. 결혼과 동시에 집 (시세 2억 1천만 원)을 샀습니다. 자금출처조사를 받게 될까요?
문제 2	5억 원짜리 건물을 구매했습니다. 5억 원 중 2억 원은 자금출처를 입증했지만, 3억 원은 입증하지 못했습니다. 증여세가 얼마나 나올까요?
문제 3	국세청으로부터 통보받기 전부터 자금출처조사를 미리 대비하려면 어떻게 해야 하나요?

이번 장에서는 위에서 말한 문제들에 대한 답을 찾아가는 과정을 통해 '자금출처조사', '증여추정배제 기준금액', '자금출처 미소명 시 증여세 계산법', '자금출처조사 대처법' 등에 대해 스스로 터득할 것입니다.

축의금도
자금출처조사 대상인가?

재산 취득(해외유출 포함), 채무의 상환 등에 소요한 자금과 이와 유사한 자금의 원천이 직업, 나이, 소득 및 재산상태 등으로 보아 본인의 자금 능력에 의한 것이라고 인정하기 어려울 때, 그 자금의 출처를 밝혀 증여세 등의 탈루 여부를 확인하기 위하여 실행하는 세무조사를 자금출처조사라고 합니다. 대표적 사례가 주택취득자금에 대한 조사입니다. 부동산 취득에 소요한 자금출처조사를 받게 되는 경우는 다음과 같습니다.

- 소득이 없는 미성년자가 부동산을 취득하거나 성년자라도 직업 나이 소득 및 재산상태 등에 맞지 않게 고가의 주택을 취득한 경우
- 자금조달계획서 신고 항목 중 정상적 자금 조달로 보기 어려워 편법 증여가 의심되는 자료로 관계기관에서 통보되는 경우
- 자금 원천이 충분한 경우라도 취득한 자산과 자금사용처 항목에 대

응하는 원천이 일치하지 않는 경우 등

과세당국은 부동산 취득 등기자료와 국토교통부 등으로부터 수집한 탈세 의심자료를 국세청이 보유하고 있는 소득 재산자료와 연계 분석해 본인의 자금으로 취득한 것으로 보기 어려운 자에 대해 자금출처조사를 실행합니다.

그리고 자금출처조사 시 자금출처가 명확하게 확인되지 않으면 그 자금을 다른 사람으로부터 증여받은 것으로 보아 증여세를 부과합니다.

자금출처로 인정할 수 있는 원천은 신고했거나 과세한 소득금액, 신고했거나 과세한 상속 또는 증여받은 재산의 가액, 재산을 처분한 대가로 받은 금전이나 부채를 부담하고 받은 금전으로 해당 재산의 취득에 직접 사용한 금액이어야 합니다. 자금출처 인정 범위 예시는 다음과 같습니다.

근로소득	총급여액 - 원천징수세액
원천징수소득 (이자 배당 기타소득 포함)	총지급액 - 원천징수세액
사업소득	사업소득금액 - 소득세 상당액
농지경작소득	
차입금	재산 취득일 이전에 빌린 부채 (원칙적으로 배우자와 직계존비속 간 소비대차는 인정하지 않음)
임대보증금	보증금 또는 전세금
보유재산 처분액	처분가액 - 양도소득세 등 세금
현금 예금 수증	증여재산가액

세알못 축의금도 자금출처조사 대상인가요?

택스코디 축의금에 대한 해석이 변해왔습니다. 예전에는 관습적으로 혼주에게 귀속된다고 판단하다가 신랑·신부 손님이 늘어나면서 '각자 귀속되는 게 맞다'라고 인식이 변했습니다.

일반적인 수준에서의 축의금이라면 원칙은 각자에게 귀속되는 것으로 봅니다. 금액이 많지 않다면 결혼에 따른 대관료 등 제반 비용을 제한 금액을 자녀에게 귀속한다 해도 크게 문제 되지 않을 것입니다. 다만, 축의금 액수가 커진다면 방명록 작성 등 관리에 신경 쓰고 통장에 입금할 때 적요란에 축의금, 부의금 등으로 기재해 자금출처조사에 대비해놓는 게 좋습니다.

세알못 장학금은 저축하고 학비를 지원하면 증여인가요?

택스코디 장학금은 비과세로 규정하고 있으므로 자녀가 모아두고 훗날 자금출처조사에 소명해도 괜찮습니다.

세금을 알면 돈이 보인다

증여추정배제 기준에 해당하면 증여세 신고 안 해도 되나?

세알못 증여추정배제 기준에 해당하면 증여세 신고 안 해도 될까요?

택스코디 다음 표를 보면 증여추정배제 기준은 30세 이상 기준으로 10년 이내 주택취득액 합계액이 1억 5천만 원 정도로 낮습니다. 만약 해당이 된다고 하면 보통 오피스텔이나 빌라 수준일 것입니다.

▶ **증여추정배제 기준금액 (세대주 기준)**

구분	주택 취득	기타재산취득	채무상환	총액한도
30세 미만	5천만 원	5천만 원	5천만 원	1억 원
30세 이상	1억 5천만 원	5천만 원	5천만 원	2억 원
40세 이상	3억 원	1억 원	5천만 원	4억 원

중요한 건 기준금액 이하이면 증여 추정을 적용하지 않는다는 것이지 과세할 수 없다는 의미는 아니라는 것입니다. 훗날 해당 거래가 결국 증여받았다는 사실이 명백히 입증된다면 과세관청은 과세할 수 있습니다.

이미 서울 아파트 중위 가격이 9억 원이 넘은 상태인데 아파트 한 채만 사더라도 배제기준을 훌쩍 넘어버립니다. 증여추정배제는 해당 금액 기준까지는 행정 편의상으로 배제기준을 둔다고 하는 것이지 조사를 하지 않겠다는 뜻이 아닙니다. 증여세 면제 기준으로 착각하고 신고를 하지 않았다간 가산세까지 물게 됩니다.

세금을 알면 돈이 보인다

자금출처조사를
받게 되면?

세알못 올해 만 32세로 평범한 직장인입니다. 결혼과 동시에 집 (시세 2억 1천만 원)을 샀습니다. 자금출처조사를 받게 될까요?

택스코디 관할 등기소에 소유권이전등기를 신청하면 그 내역이 국세청 전산실로 바로 전송됩니다.

앞서 본 것처럼 30세 이상 세대주면 1억 5천만 원까지는 증여추정배제 기준금액인데, 구매한 집은 2억 1천만 원이라 자금출처 조사 대상자에 해당합니다. 만약 자금출처 소명자료를 요구받았으면 다음 표를 참고해 자금출처에 대해 소명하면 됩니다.

출처 유형	입금 금액	증빙서류
근로소득	총급여액 – 원천징수액	원천징수 영수증
이자, 배당소득	총 지급 받은 금액 – 원천징수액	원천징수 영수증, 통장 사본
채무부담	차입금, 전세보증금	채무부담확인서, 전세계약서
재산 처분	매매가격 등	매매 계약서 등
상속, 증여재산	상속 또는 증여받은 재산 금액	상속세, 증여세 신고서

근로소득, 이자소득과 금융권을 통해 대출받은 돈 등은 자금출처로 확실히 입증할 수 있는 수단입니다.

참고로 입증을 다 한 상태에서 입증되지 않은 금액이 취득가액의 20%와 2억 원 중 적은 금액에 미달하면 자금출처에 대한 입증 책임을 면제합니다. (이런 경우에는 증여세를 부과하지 않습니다.)

세금을 알면 돈이 보인다

자금출처조사는 취득가액이 클수록, 나이가 어릴수록 발생 가능성이 커진다

세알못 5억 원짜리 건물을 구매했습니다. 5억 원 중 2억 원은 자금출처를 입증했지만, 3억 원은 입증하지 못했습니다. 증여세가 얼마나 나올까요?

택스코디 먼저 입증하지 못한 금액 3억 원이 건물 취득가액 5억 원의 20%인 1억 원과 2억 원 중에서 적은 금액인 1억 원보다 많으므로 입증 면제 기준에 해당하지 않습니다. 따라서 3억 원에 대한 증여세가 부과됩니다.

증여세는 성년 자녀의 경우 10년간 5천만 원이 공제되므로 세알못 씨의 과세표준은 2억 5천만 원이 됩니다. 여기에 세율 20%와 누진공제 1

천만 원을 적용하면, 다음과 같이 증여세는 4천만 원 정도가 계산됩니다.

- 과세표준 = 3억 원 5천만 원(증여공제) = 2억 5천만 원
- 증여세 = 과세표준 × 세율 = 2억 5천만 원 × 20% - 1천만 원(누진공제) = 4천만 원

자금출처조사는 취득가액이 클수록, 나이가 어릴수록 발생 가능성이 커집니다. 다음과 같은 경우에는 자금출처조사의 확률이 높으므로 꼭 주의해야 합니다.

- 미성년자가 주택 등 부동산을 구매한 경우
- 소득입증이 되지 않음에도 불구하고 고가의 부동산을 취득한 경우
- 고소득자가 고가의 부동산을 구매한 경우
- 부담부증여 등에 의해 부채를 상환한 경우
- 투기과열지구에서 주택을 취득해 자금조달계획서를 제출한 경우
- 금융소득 종합과세를 적용받은 경우
- 투기지역 등에서 고가의 거래를 하는 경우
- 고령자가 고가의 부동산을 취득한 경우 등

참고로 30세 이상 세대주가 주택을 취득하면 입증해야 할 금액은 다음 표와 같습니다. 1억 5천만 원까지는 증여 추정을 하지 않으므로 이 금액을 초과하면 자금출처조사 시 입증을 해야 합니다. 물론 이때에도 취득가액에 대해 100%를 입증하지 않아도 됩니다. 취득가액의 20% (한도

2억 원)까지는 입증 책임을 면제하기 때문입니다. 통상 취득가액 10억 원까지는 취득가액의 80%를, 10억 원이 넘어가면 취득가액에서 2억 원을 차감한 금액을 입증해야 합니다. 금액이 커질수록 입증해야 하는 비율은 점점 더 높아지게 되는 것입니다.

취득금액	입증 면제 금액	입증해야 할 금액	입증률	비고
1억 원	0원	0원	0	조사 배제 대상
1억 5천만 원	0원	0원	0	조사 배제 대상
3억 원	6천만 원	2억 4천만 원	80.0%	
5억 원	1억 원	4억 원	80.0%	
10억 원	2억 원	8억 원	80.0%	
11억 원	2억 원	9억 원	81.8%	입증률 상승
15억 원	2억 원	13억 원	86.7%	

● 입증률 = 입증해야 할 금액 / 취득금액

자금출처조사 미리미리 대비하자

세알못 국세청으로부터 통보받기 전부터 자금출처조사를 미리 대비하려면 어떻게 해야 하나요?

택스코디 과세당국이 세금 탈루 혐의가 있다고 판단하는 경우에는, 누구든 자금출처조사 대상이 될 수 있습니다.

국세청은 PCI 분석 시스템 (소득-지출 분석시스템)을 통해 세금 탈루 혐의가 있는지 세밀하게 확인하고 있습니다. 이 시스템을 통해 국세청은 일정 기간의 재산 증가액과 소비 지출액의 합계액에서 신고 결정된 소득 금액을 빼는 절차를 통해 세금 탈루 혐의 금액을 파악할 수 있습니다. 여기서 혐의가 발견되면 자금출처조사 대상이 되는 거죠.

세금을 알면 돈이 보인다

| 세알못 자금조달계획서도 잘 써두는 게 중요하겠네요

| 택스코디 네, 중요합니다. 보통은 자금조달계획서 작성을 두고 막연하게 느끼는 경우가 많은데, 실질에 근거해서 작성하면 크게 걱정하지 않아도 됩니다. 기존에 처분한 주택이라든가 보유 자산, 배우자 증여 자산 등 말 그대로 계획서이므로 사실에 근거한 내용을 기재하면 됩니다.

고민하는 지점은 증여를 받았는데 이걸 신고하고 계획서에 기재해야 하나 말아야 하나 하는 부분들일 것입니다. 이런 부분을 고민하고 혹시 조사가 들어올까 봐 마음 졸일 바에야 차라리 계획서를 잘 쓰고 신고하는 걸 권합니다.

전 국민을 조사할 수도 없는 노릇일 텐데 차라리 일부 증여세를 성실하게 신고해서 조사대상에서 최대한 배제되는 게 현명한 방법입니다. 오히려 성실하게 신고하고 계획을 밝혀두는 것이 조사대상에서 제외될 확률이 높죠.

A, B 두 사람 모두 3억 원을 가지고 계획서를 쓰는 상황인데, A는 금액 일부를 증여받았다고 신고를 하고 증여세를 냈고, B는 3억 원에 대해 전체 차용증을 썼다면, 아무래도 과세당국이 볼 때는 A가 더 성실한 납세자라고 판단할 가능성이 큽니다.

자금출처조사 대상이라고 통보를 받은 순간부터는 늦었습니다. 그래서 주택을 취득할 때 미리미리 준비하는 것이 중요합니다. 앞서 언급했듯 대부분이 조사대상이 될 수 있으므로 준비를 철저히 하는 것보다 좋

은 방법은 없습니다.

| **세알못** 그럼 10억 원짜리 아파트를 산다면 어떻게 준비해야 하나요?

| **택스코디** 10억 원 아파트 취득하는 경우, 기존 자금 4억 원과 대출로 마련한 3억 원을 사용하고 나머지 3억 원이 부족하다고 가정해 봅시다. 과거에는 3억 원에 대해 차용증 쓰고 대응하는 게 주된 방식이었다면 지금은 좀 다르게 접근해야 합니다.

이런 상황이라면 증여와 대출을 잘 배분해 자금조달계획서를 쓸 것을 권합니다. 증여의 경우 부모로부터 받는 5,000만 원까지는 공제받을 수 있으니 1억 원을 받았다고 가정하면, 자녀공제받고 남은 5,000만 원에 1억 원 이하의 10%의 증여세율을 적용한 500만 원을 신고하고 내면 됩니다. 최저세율이 적용되는 한도에 맞춰 증여받는 것이죠.

나머지는 차용증을 쓰고 부모님으로부터 대출하는 방식을 사용합시다. 가족 간이라도 변제의사가 있고 변제능력이 있다면 채무 증서를 작성하고 실제로 부모님께 이자를 지급했을 경우 증여가 아닌 채무로 인정받을 수 있기 때문입니다. 이때는 정한 날짜에 원금과 이자를 성실히 상환해야 세무조사에서 유리하게 작용하죠.

| **세알못** 자금출처조사가 끝났다고 완벽히 끝난 게 아니라고 하던데요

| **택스코디** 자금출처조사가 끝났다고 해서 대출금에 대해 상환하지 않아

세금을 알면 돈이 보인다

도 걸리지 않겠구나 싶어서 갚지 않는 경우들이 아주 많습니다. 세무조사가 끝나더라도 자금 원천 등에 관한 내용이 부채 사후 관리 목적으로 다 기록되고 관리가 됩니다. 조사에 기록한 내용대로 이행하지 않으면 재조사가 나오고 증여세가 부과될 수 있으니 끝났다고 해서 안심하지 않고 꾸준히 상환해 나가야 합니다.

증여세 줄이려면,
분산 증여하자!

문제 1	현재 30세로 대학 졸업 후 취업 전까지 수년간 부모님으로부터 생활비와 학원비를 받았습니다. 모두 1,500만 원가량인데, 취업 이후에는 부모님께 받은 자금은 없고, 조만간 4천만 원을 증여받을 예정입니다. 합하면 10년 내 증여공제금액인 5천만 원을 초과하는데, 증여세 신고를 해야 하나요?
문제 2	1년 전에 큰아버지에게 부동산을 증여받으면서 인적공제 1천만 원을 받고 신고했습니다. 이번에 큰아버지가 다시 현금을 증여해주신다고 합니다. 재산 유형이 다르니 한 번 더 공제를 받을 수 있나요?
문제 3	2024년 3월 1일 성년인 자녀가 아버지로부터 시가 15억 원 상당의 주택을 증여받으면 내야 할 세금은 얼마인가요?
문제 4	2024년 3월 1일 미성년인 손자가 할아버지로부터 시가 7억 2천만 원 상당의 주택을 증여받으면 내야 할 세금은요?

이번 장에서는 위에서 말한 문제들에 대한 답을 찾아가는 과정을 통해 '비과세 되는 증여재산', '증여공제 이해', '증여세 계산법', '세대생략 할증과세', '분산증여를 통한 절세' 등에 대해 스스로 터득할 것입니다.

증여가 아니라는 사실은
납세의무자가 입증해야 한다

살아가는 동안 가족끼리 현금을 주고받는 상황이 자주 발생합니다. 요즘은 생활비는 물론 의료비, 학비, 용돈 등에도 계좌이체를 통한 금전거래를 많이 하게 됩니다.

| **세알못** 현금을 주고받는 모든 거래가 증여인가요?

| **택스코디** 이에 대한 답은 "실질적인 사실관계에 따라 달라질 수 있다"입니다.

증여란 '대가가 없는' 부의 무상이전을 말합니다. '대가가 있는' 부의 유상이전이라고 할 수 있는 양도, 사망으로 인한 부의 무상이전이 발생하는 상속과는 다릅니다. 상속세 및 증여세법에서는 증여를 다음과 같

세금을 알면 돈이 보인다

이 정의하고 있습니다.

'상속세 및 증여세법' 상 증여란 그 행위 또는 거래의 명칭 형식 목적 등과 관계없이 직접 또는 간접적인 방법으로 타인에게 무상으로 유형, 무형의 재산 또는 이익을 이전(현저히 낮은 대가를 받고 이전하는 경우를 포함함)하거나 타인의 재산 가치를 증가시키는 것을 말합니다. 대가 없이 주는 것은 전부 증여라고 할 수 있습니다.

하지만 우리는 지금까지 발생했던 가족 간 계좌이체 등의 금전거래 대해서 증여세를 신고하지도 않았고 과세관청으로부터 어떤 소명 요청도 받지 않은 경우가 대부분입니다. 상속·증여세법상 비과세되는 증여재산 때문이기도 합니다. 사회 통념상 타당한 범위 내의 치료비, 피부양자의 생활비, 교육비 등에 대해서는 비과세 증여재산으로서 과세하지 않습니다.

단, 과도한 금액의 계좌이동이라면 주의해야 합니다. 증여 시점에는 드러나지 않는 경우가 많지만, 나중에 수증자가 다른 재산을 취득할 때 자금출처조사 과정에서 과세관청에서 소명 요청을 할 수 있습니다. 또한, 증여자가 사망하게 되면 사전증여재산을 추적하기 위해 자금이동에 대한 세무조사가 진행될 수 있습니다.

본래 증여 사실에 관해 원칙적으로 과세관청이 입증을 책임져야 합니다. 과세관청이 증여 사실에 대해 입증을 해야만 증여세를 부과할 수 있습니다. 하지만 증여자와 수증자가 증여 사실을 은폐하거나 위장하는 경우가 많고, 과세관청에서 증여 사실을 입증하는 것은 많은 시간과 노력이 듭니다. 이에 세법에서는 증여 추정 관련 조항을 두어 납세의무자에게 해당 거래가 증여가 아님을 입증하도록 하고 있습니다.

예를 들어 아버지가 아들에게 생활용품을 구매해달라고 계좌 이체할 수 있습니다. 그런데 해당 증여 추정으로 인해 증여가 아니란 것을 아들이 입증하지 못한다면 증여세를 내야 할 수도 있습니다. 그래서 계좌이체를 할 때는 비고란에 '생활용품 구매용도' 등 적절한 메모를 남겨두는 게 좋습니다.

가족 간 계좌이체 등의 금전거래는 기본적으로 입증책임을 납세의무자가 부담하지만 최근 판례에 따르면 부부간의 금전거래의 경우 증여로 과세하기 위해서는 증여행위에 대한 입증을 과세관청이 해야 합니다. 부부는 경제공동체의 관점에서 단순한 공동생활의 편의, 일방 배우자 자금의 위탁 관리, 가족을 위한 생활비 지급 등 여러 원인이 있을 수 있기 때문입니다. 그렇다고 소득이 없는 배우자가 배우자 공제금액인 6억 원을 초과해 재산을 취득한다면 자금출처조사 등으로 증여세가 부과될 수 있습니다.

세금을 알면 돈이 보인다

생활비에도
증여세 부과되나?

무상으로 이전받은 재산과 이익은 모두 증여세 부과 대상입니다. 다만 상속·증여세법 46조엔 사회 통념상 인정되는 이재구호금품, 치료비, 피부양자의 생활비, 교육비 및 시행령으로 정하는 이와 비슷한 금품은 비과세한다고 명시돼 있습니다. 같은 법 시행령 35조에 따르면 학자금 또는 장학금 및 기념품 축하금 부의금 등 통상 필요하다고 인정되는 금품은 비과세 대상입니다. 이런 이유로 부모가 자녀에게 주는 용돈은 세금을 내지 않아도 된다고 생각하는 사람이 적지 않습니다. 하지만 놓쳐선 안 되는 대목이 '사회 통념상'이라는 문구입니다. 자녀가 부모로부터 몇 십만 원의 용돈을 받아 생활비로 쓰는 것은 사회 통념상 인정되는 범위에 들어 세금을 물지 않아도 됩니다. 하지만 수천만 원가량의 거액의 용돈을 반복적으로 받는 경우는 사회 통념을 넘어서기 때문에 증여로 판단해 과세대상이 될 수 있습니다.

혼수용품 역시 마찬가지입니다. 관련법에 따르면 혼수용품은 비과세 대상이지만 '필요하다고 인정되는'이라는 단서 조항이 붙습니다. 일상적인 생활용품이 아니라 고가 가구나 보석 등 사치품은 증여세를 물어야 할 수 있다는 뜻입니다.

세알못 현재 30세로 대학 졸업 후 취업 전까지 수년간 부모님으로부터 생활비와 학원비를 받았습니다. 모두 1,500만 원가량인데, 취업 이후에는 부모님께 받은 자금은 없고, 조만간 4천만 원을 증여받을 예정입니다. 합하면 10년 내 증여공제금액인 5천만 원을 초과하는데, 증여세 신고를 해야 하나요?

택스코디 원칙적으로 현금을 증여받는 경우, 증여받을 때마다 증여일이 속한 달의 말일부터 3개월 이내에 증여자(준 사람)를 구분해 증여세를 신고해야 합니다. 다만 부모가 자녀에게 주는 현금은 사회 통념상 피부양자의 생활비에 해당한다면 증여세가 비과세됩니다.

참고로 상속세 및 증여세법상 생활비는 비과세 되는 증여재산이 맞지만, 여기서도 주의할 점이 있습니다. 바로 법에서 보는 생활비의 정의입니다. 다음 세 가지 조건이 맞아야 합니다.

생활비는 생활비로 사용돼야 한다	생활비라고 받아서 집 사고 차 사고 주식 사는 데 쓰면 이는 공제 대상이 아니다.
부양의무가 있는 관계에게만 줄 수 있다	생활비는 부양의무가 있는 사람 간에 오가는 것이다. 경제적 자력이 있는 부모가 있는데도 할아버지 할머니가 손주에게 생활비를 준다면 비과세 대상이 아니다.
나눠서 줘야 한다	대학 학자금으로 쓰라고 한 번에 1억 원을 자녀 통장에 넣어줬다면 이는 사회 통념상 생활비로 보기 어렵다. 한 번에 고액이 아닌, 나눠서 소액씩 줘야 한다.

증여공제, 10년 단위로 증여세를 일정 금액 공제해준다

세알못 1년 전에 큰아버지에게 부동산을 증여받으면서 인적공제 1천만 원을 받고 신고했습니다. 이번에 큰아버지가 다시 현금을 증여해주신다고 합니다. 재산 유형이 다르니 한 번 더 공제를 받을 수 있나요?

택스코디 세알못 씨는 이미 부동산 증여 시에 1천만 원의 공제를 적용받았기 때문에 추후 현금을 증여받을 때는 공제가 적용되지 않습니다. 6촌 이내의 혈족, 4촌 이내의 인척으로부터 증여받는 경우 10년 이내에 공제금액은 1,000만 원입니다.

사회 통념상 인정되는 가족 간 금전거래를 벗어났다고 할지라도 무조건 증여세를 내야 하는 건 아닙니다. 가족 간에는 10년 단위로 증여세를

세금을 알면 돈이 보인다

일정 금액 공제해줍니다. 부부 간 증여는 6억 원, 성인 자녀는 5,000만 원 (만 19세 미만 미성년자는 2,000만 원)까지 증여세 납부 대상에서 제외합니다.

예를 들어 초등학생 자녀에게 만 19세가 되기 전까지 매년 500만 원씩, 10년간 총 5,000만 원의 세뱃돈을 줬다면 2,000만 원을 초과하는 3,000만 원에 대해 증여세를 내면 됩니다.

▶ 증여재산 공제 한도

증여재산 공제 한도	현행	개정
배우자	6억 원	
직계존속 → 직계비속	5천만 원 (미성년자 2천만 원)	혼인·출산공제 1억 원 추가
직계비속 → 직계존속	5천만 원	
기타친족	1천만 원	

증여세 계산,
어렵지 않다

세알못 2024년 3월 1일 성년인 자녀가 아버지로부터 시가 15억 원 상당의 주택을 증여받으면 내야 할 세금은 얼마인가요?

택스코디 다음의 순서로 증여세 과세표준부터 계산합니다.

- **과세표준** = 증여재산가액 증여공제 = 15억 원 - 5천만 원(성년) = 14억 5천만 원
- **산출세액** = 과세표준 × 세율 = 14억 5천만 원 × 40%(세율) - 1억 6천만 원(누진공제) = 4억 2천만 원
- **내야 할 증여세** = 4억 2천만 원 - 1,260만 원(신고세액공제 3%, 4억 2천만 원 × 3%) = 4억 740만 원

세금을 알면 돈이 보인다

증여세는 증여재산에서 공제액을 뺀 과세표준 금액에서 세율을 곱한 뒤 누진 공제액을 제외하면 됩니다. 증여세 과세표준 구간과 세율은 2000년 개편 이후 지금까지 동일하게 적용되고 있습니다. 상속세와 마찬가지로 5단계 초과누진세율 구조입니다. 최저 최고 세율은 각각 10%, 50%입니다. 다음 표를 참고합시다.

▶ 증여세 세율표

과세표준	세율	누진공제액
1억 원 이하	10%	–
1억 원 초과 5억 원 이하	20%	1천만 원
5억 원 초과 10억 원 이하	30%	6천만 원
10억 원 초과 30억 원 이하	40%	1억 6천만 원
30억 원 초과	50%	4억 6천만 원

세알못 2024년 3월 1일 미성년인 손자가 할아버지로부터 시가 7억 2천만 원 상당의 주택을 증여받으면(단, 증여 시 미성년 손자의 아버지는 생존) 내야 할 세금은요?

택스코디 다음의 순서로 계산합니다. 참고로 세알못 씨 사례처럼 아버지가 있는데도 손자에게 증여하는, 즉 세대를 건너뛴 증여는 증여세가 할증 (30% 또는 40%) 됩니다.

- 과세표준 = 증여재산가액 증여공제 = 7억 2천만 원 - 2천만 원(미성년) = 7억 원

- 산출세액 = 과세표준 × 세율 = [7억 원 × 30%(세율) - 6천만 원(누진공제)] × 130%(세대생략 할증과세) = 1억 9,500만 원

- 내야 할 증여세 = 1억 9,500만 원 - 585만 원(신고세액공제 3%) = 1억 8,915만 원

세금을 알면 돈이 보인다

증여세 줄이려면, 분산 증여하자!

세알못 사랑하는 자식에게 저의 재산을 증여해서 하루빨리 자녀 삶의 기반을 마련해주고 싶습니다. 그런데 한꺼번에 많은 재산을 증여하면 높은 누진세율이 적용된다는 이야기를 들었습니다. 인터넷 검색을 해보니 10억 원을 증여하면 30%의 세율이 적용되지만, 1억 원을 증여하면 10%의 낮은 세율이 적용된다는 것을 알았습니다. 따라서 10억 원을 증여하면 2억 4,000만 원을 세금으로 내야 하지만, 1억 원씩 쪼개서 총 10번에 걸쳐 10억 원을 증여하면 1억 원의 세금만 내면 되는 거죠. 시간 날 때마다 틈틈이 재산을 현금화해서 아들에게 10여 차례에 걸쳐 1억 원씩 총 10억 원을 증여했습니다. 물론 증여 때마다 10%의 세율을 적용한 증여세도 빠짐없이 신고·납부했습니다. 그런데 얼마 전 아들 앞으로 증여세 납부고지서가 나왔습니다. 저에게 증여받은 재산에 대해서는 10%가 아니라 30%의 세율을 적용하여 증여세를 재계산해야 한다는 겁니다. 도대체 뭐가 잘못된 것일까요?

택스코디 「상속세 및 증여세법」에서는 같은 사람으로부터 10년 동안 증여받은 재산을 합친 금액이 1,000만 원 이상이면 합산해서 과세하도록 하고 있습니다. 즉, 아버지가 아들에게 10년 동안 1억 원씩 나누어 10회 증여해도, 결국 합산되어 10억 원을 한 번에 증여한 것과 동일하게 평가합니다. 따라서 10%가 아닌 30%의 누진세율이 적용된 세금을 추가로 내야 합니다. 이른바 '금액 쪼개기 증여'를 통해 증여세를 줄이려는 시도를 차단하고 있는 것이죠. 덧붙이자면, 아버지와 어머니가 별도로 자녀에게 증여하더라도 한 사람이 증여한 것으로 보아서 합산합니다.

자녀를 둔 자산가라면 재산을 어떻게 물려줄 것인가를 두고 고민합니다. 일시에 거액을 줄 땐 막대한 증여세가 부과된다는 점이 가장 큰 문제입니다. 또 증여를 미뤘다가 갑작스러운 사망으로 절반에 가까운 재산을 상속세로 내야 하는 경우가 생길 수도 있습니다.

이 같은 막대한 증여세를 피하려고 '10년마다 증여'를 시행하기도 합니다. 증여재산 공제액이 10년마다 재계산된다는 점을 고려해 미성년 자녀에게 2,000만 원을, 성년 자녀에게 5,000만 원씩 증여하는 방법입니다.

갓 태어난 아이에게 2,000만 원을 증여한 후 10년마다 증여재산 공제액 범위만큼 현금을 증여한다면 아이가 만 30세가 되는 해까지 증여세 한 푼 발생하지 않고 1억 4,000만 원을 증여할 수 있습니다. 아이에게 증여한 금액은 아이 명의로 예금을 들거나, 주식계좌를 만들어 가치 상승을 꾀할 수 있습니다. 아이가 만 30세가 될 때까지 증여재산공제액 범위만큼 증여한 금액은 연 4%의 수익을 보는 경우 약 2억 3,000만 원이 될 수 있습니다. 이 금액은 만약 일시에 증여하게 된다면 증여세가 약 2,500만 원 발생하는 큰 금액입니다.

또 목돈을 증여해야 할 경우엔 자녀 1인에게 전액을 주는 것보다는 자녀 가족 여러 명에게 분산 증여하는 것이 좋습니다. 증여세는 받는 사람(수증자)을 기준으로 내기 때문에 여러 명에게 증여하면 증여공제를 각각 받을 수 있고, 과세표준액이 줄어들어 적용되는 세율이 낮아질 수 있습니다.

예를 들어 10억 원을 자녀 1명에게 전액 증여하면 20%가 넘는 2억 1,825만 원을 증여세로 내야 합니다. 5,000만 원의 증여재산공제를 받은 후 9억 5,000만 원에 대해 최고 30%의 세율로 부과됩니다. 산출세액은 2억 2,250만 원이며, 675만 원의 신고세액공제를 받은 후 2억1,825만 원이 납부세액이 됩니다.

하지만 자녀와 자녀의 배우자에게 각각 5억 원씩 주면 세금은 5,000만 원 이상 줄어듭니다. 자녀는 공제 후 4억 5,000만 원에 대해 최고 20%의 세율로 7,760만 원의 세금을 내면 됩니다. 자녀의 배우자는 1,000만 원만 공제되며 세액은 8,536만 원으로 계산됩니다. 이를 합치면 1억 6,296만 원으로 자녀 단독 증여 시 세금보다 5,529만 원 줄어듭니다.

손자녀가 있다면 이들까지 포함해 증여하면 더 좋습니다. 자녀와 자녀의 배우자, 두 명의 손자녀에게 2억5,000만 원씩 증여하면 전체 세액은 1억 4,162만 원까지 줄어듭니다. 이는 단독 증여 대비 35% 작은 규모입니다. 손자녀에게 증여할 경우 30%의 할증세액이 붙어 1인당 3,783만 원의 세금을 내야 하지만, 이를 고려해도 자녀에게 단독 증여하는 것보다는 세금 부담이 적습니다. 게다가 자녀가 나중에 손자녀에게 증여 또는 상속할 때 세금을 내야 하는 점을 고려하면 세대를 생략하는 증여가 유리한 경우가 많습니다.

10

부담부증여가 절세 효과가 있다는
지인 말은 사실일까?

문제 1	부담부증여 시 증여자는 양도세를 내야 하고, 수증자는 증여세를 내야 한다는 말이죠. 그런데 증여하는 사람이 비과세 요건을 충족하는 1주택자라면 어떻게 되나요?
문제 2	서울에 거주하는 2주택자입니다. 다주택자 중과유예 기간 내에 주택 1채를 팔 계획이었으나 최근 들어 급격하게 가라앉은 주택 거래 시장 때문에, 주택 1채를 자녀에게 증여할 것을 고려하고 있습니다. 현재 임대하고 있는 주택을 증여할 예정인데, 은행 PB로부터 '부담부증여'를 하면 세금을 줄일 수 있다는 말을 들었습니다. 소유 아파트를 담보로 은행 대출을 받아서 증여받는 사람에게 아파트와 채무를 함께 이전하면 세금을 줄일 수 있다고 하는데요.
문제 3	부담부증여 시 주의할 점은 무엇인가요?

이번 장에서는 위에서 말한 문제들에 대한 답을 찾아가는 과정을 통해 '단순증여', '부담부증여', '단순증여와 부담부증여 유불리', '부담부증여 시 주의사항', 등에 대해 스스로 터득할 것입니다.

부담부증여란?

세알못 증여라는 말은 알겠는데, 부담부증여란 무엇을 말하는 건가요?

택스코디 부담부증여란 채무를 부담할 것을 부수적(附隨的) 조건(부관)
으로 하는 증여라는 의미입니다. 쉽게 말해 주택을 증여할 때,
전세보증금 또는 대출을 함께 증여하면 세법상으로 '부담부증
여'라고 부릅니다. 전세보증금 및 대출을 함께 증여하면 채무
를 증여하는 것이므로 유상이전으로 분류되고 이는 양도소득
세 과세대상이 되어 증여자는 양도소득세가 부과되고 수증자
는 증여세가 부과됩니다.

세알못 증여자는 양도세를 내야 하고, 수증자는 증여세를 내야 한다는
말이죠. 그런데 증여하는 사람이 비과세 요건을 충족하는 1주

택자라면 어떻게 되나요?

택스코디 증여하는 사람이 비과세 요건을 만족하는 1주택자면 부담부증여에 해당하는 채무는 '1주택 비과세' 혜택을 받을 수 있습니다. 그리고 수증자 편에서는 증여세 계산 시 채무는 증여재산에서 차감되므로 증여세가 줄어드는 효과가 있어 그동안 절세 방법으로 많이 활용돼왔습니다.

세알못 부담부증여로 인해 양도소득세가 발생할 때도 다주택자 중과 규정이 적용되는가요?

택스코디 증여 시 부채승계는 양도로 간주하므로 일반 양도소득세 규정과 같이 적용합니다. 다주택자에 대한 중과세율이 적용되면서 부담부증여 채무에 대해서도 동일하게 양도소득세 중과세율이 적용됩니다. 다주택자 중과세율 적용은 2주택자는 20% 중과, 3주택 이상은 30% 중과됩니다.

따라서 다주택자는 단순증여보다 부담부증여 시 증여세 절감 효과보다 양도소득세 부담이 커질 수 있다는 점에 유의해야 합니다. 부담부증여가 단순증여보다 불리할 수 있다는 의미입니다. (다만 현재는 2025년 5월 9일까지 다주택자 중과 규정이 한시적으로 유예되어 있으니 중과대상은 아닙니다.)

부담부증여에 해당하는 채무 범위는 증여재산에 담보된 채무와 이 재산을 타인에게 임대한 경우의 당해 임대보증금을 말합니다. 이때 과세가액에서 차감하되, 증여자의 일반채무와 제3자 채무의 담보로 제공된 경우는 증여세 과세가액에서 차감하는 채무에 해당하지 않습니다. 그렇다고 부동산 대출이 꽉 막힌 상황에서 부담부증여를 피하려고 기존대출을 상환해야 할 필요는 없습니다. 제3자 부동산 담보대출을 활용할 수 있기 때문입니다.

참고로 제3자 부동산 담보대출이란 채무자와 담보제공자가 다른 경우를 말하는데, 부동산을 증여할 땐 대출조건변경을 통해 대출과 채무자는 유지하면서 담보제공자만 증여받는 사람으로 바꿀 수 있습니다. 기존대출은 증여자가 기존 상환계획에 따라 원리금을 상환하면 되고, 증여받는 사람은 채무를 인수하지 않기 때문에 부담부증여에 해당하지 않고 단순증여로서 증여세를 부담하면 됩니다.

부담부증여가 유리할까?
단순증여가 유리할까?

세알못 서울에 거주하는 2주택자입니다. 다주택자 중과유예 기간 내에 주택 1채를 팔 계획이었으나 최근 들어 급격하게 가라앉은 주택 거래 시장 때문에, 주택 1채를 자녀에게 증여할 것을 고려하고 있습니다. 현재 임대하고 있는 주택을 증여할 예정인데, 은행 PB로부터 '부담부증여'를 하면 세금을 줄일 수 있다는 말을 들었습니다. 소유 아파트를 담보로 은행 대출을 받아서 증여받는 사람에게 아파트와 채무를 함께 이전하면 세금을 줄일 수 있다고 하는데요.

택스코디 증여 시점에서 총부담해야 하는 세금 기준으로만 따진다면 부담부증여와 단순증여는 증여자가 부담할 양도소득세에 따라 유불리를 판단하게 됩니다. 부담부증여 시 채무 승계분만큼 증여가액이 줄어들어 증여세는 감소하지만, 대신 증여자의 채무 감소로 인한 양도소득세가 증가할 수 있기 때문입니다. 그리고 승계된 채무는 상환 시까지 매년 사후관리대상이므로 채무상환을 증여자가 대신할 경우 추가로 증여세가 고지될 수 있는 점도 고려 대상입니다.

양도소득세와 증여세의 차이는 대가를 지급하는지, 하지 않는지에 있습니다. 대가성 없이 재산을 이전하는 것이 증여이고, 대가를 받고 재산을 이전하면 양도가 됩니다. 그 대가가 채무인 경우도 마찬가지입니다. 세알못 씨의 경우 자녀는 실제로 증여받은 가액에서 대출금을 차감한 금액에 대해서만 증여세를 내면 됩니다. 그리고 세알못 씨는 채무를 이전하는 효과에 대한 양도소득세를 내야 합니다.

정리하면 단순증여와 부담부증여를 비교했을 때 채무를 이전하지 않으면 증여세는 증가하나 양도소득세는 없고, 채무를 이전하면 증여세는 감소하나 양도소득세를 내야 합니다.

일반적으로는 부담부증여가 단순증여보다 더 유리합니다. 이는 소득의 분산 때문입니다. 부담부증여의 경우, 증여자는 양도세를 내야 하지만 수증자는 증여세를 내야 합니다. 이때 수증자는 증여받은 부동산 전체에 대해 증여세를 내는 게 아니라 거기에 포함된 대출이나 보증금을 제외한 증여재산가액에 대해 증여세를 내기 때문에 상대적으로 낮은 세율을 적용받을 수 있습니다.

어느 방법이 절세에 도움이 되는지 미리 계산해 보자

이제 세알못 씨 사례를 통해 단순증여(대출을 증여자가 갚고 증여하는 방법)로 할지, 부담부증여(대출을 수증자에게 넘기며 증여하는 방법)로 할 것인가를 생각해봅시다. 단순증여 시의 증여세 부담과 부담부증여 시 양도소득세와 증여세 부담의 합계를 따져서 어느 것이 더 유리한지 판단해야 합니다.

세알못 서울에 아파트 2채를 가지고 있습니다. A 아파트 (시가 8억 원, 취득가액 7억 원)를 아들에게 증여하려 하는데 담보대출 6억 원이 있습니다. 이 대출을 제가 갚고 아들에게 증여할지 아니면 대출까지 아들에게 넘겨서 증여할지 고민입니다.

택스코디 먼저 단순증여 시 증여세부터 계산해 봅시다.

단순증여 시 증여세 (계산 편의상 신고세액공제는 생략합니다)

- 과세표준 = 증여재산가액 증여공제 = 8억 원 5천만 원
  = 7억 5천만 원
- 증여세 = 과세표준 × 세율 = 7억 5천만 원 × 30% - 6천만 원
  = 1억 6,500만 원

다음은 부담부증여 시 세금을 계산해 보고 차이를 비교해봅시다.

부담부증여 시 증여세 (계산 편의상 신고세액공제는 생략합니다)

- 과세표준 = 증여재산가액 채무액 증여공제 = 8억 원 6억 원 5천만 원
  = 1억 5천만 원
- 증여세 = 과세표준 × 세율 = 1억 5천만 원 × 20% - 1천만 원 = 2천만 원

부담부증여 시 양도소득세 (계산 편의상 장기보유특별공제는 생략합니다)

- 과세양도차익 (양도가액 취득가액) × 6/8 = (8억 원 - 7억 원) × 6/8
  = 7,500만 원
- 과세표준 = 과세양도차익 기본공제 = 7,500만 원 - 250만 원
  = 7,250만 원
- 양도소득세 = 과세표준 × 세율 = 7,250만 원 × 24% - 576만 원(누
  진공제) = 1,164만 원

구분	단순증여	부담부증여	
	증여세	증여세	양도소득세
증여재산가액	8억 원	2억 원	
양도차익	-		7,500만 원
세액	1억 6,500만 원	2천만 원	1,164만 원
합계	1억 6,500만 원	3,164만 원	
차이		(1억 3,336만 원)	

　계산 결과 단순증여보다 부담부증여가 1억 3,336만 원 정도 더 유리합니다.

　정리하면 부동산 양도차익이 작은 경우나, 부동산 가치가 향후 높아질 것으로 예상한다면 부담부증여를 고려해봅시다.

부담부증여 시
이것 주의하자

부담부증여를 실행하면 단순증여보다 세금을 줄일 수 있는 여지가 있습니다. 현실에서는 종종 이를 악용하는 사례가 발생합니다. 부모가 자녀에게 부담부증여를 하고 자녀가 대출금을 갚지 않고 나중에 부모가 대신 갚는 것이 대표적 예입니다. 그렇다고 국세청이 모른다고 생각하면 큰 오산입니다. 국세청은 납세자가 증여세 신고를 하면서 제출하는 서류에 기재된 모든 채무내역 (채권자, 채무만기일 등)을 전산 시스템에 입력해 체계적으로 사후관리하고 있습니다. 따라서 어떤 사람이 부담부증여방식으로 증여받았다고 신고한 후 채무 만기일이 돌아오면 국세청의 자동 점검 대상이 됩니다.

국세청은 수증자의 소득이나 재산 등의 경제적 능력을 파악해 수증자의 채무상환능력을 판단합니다. 채무상환능력에 의심이 있는 경우 어떻게 채무를 상환했는지에 대한 소명 요구를 하며, 소명 내용이 신빙성이 없는 경우 세무조사를 하게 됩니다. 세무조사 결과 스스로 변제가 아닌 것이 적발되면 애초 부담해야 할 증여세뿐만 아니라 가산세까지 부과되므로 주의해야 합니다.

참고로 부담부증여 시 증여세 과세가액에서 차감하는 채무는 그 증여 재산에 담보된 채무와 증여자가 해당 재산을 타인에게 임대한 경우의 해당 임대보증금에 한정합니다. 따라서 증여자가 부담하는 채무 중 증여 재산에 담보된 채무가 아닌 일반채무를 증여받은 때는 증여세 과세가액에서 차감하는 채무로 볼 수 없습니다.

또한, 부담부증여의 채무액은 형식적인 채무자가 아니라 실질적인 채무자를 기준으로 판단합니다. 따라서 증여계약서나 은행의 채무자 변경 여부에도 불구하고 실질적으로 해당 채무를 부담하는 자를 채무자로 보며 증여자가 이러한 채무를 부담할 때에만 증여재산가액에서 차감시킵니다.

11

연말정산,
누구나 알지만 아무도 모른다

문제 1	작년에 부양하고 있던 장인이 사망했는데, 부양가족공제가 가능한가요?
문제 2	장인·장모, 시부모 등 따로 사는 부모님은 기본공제를 받을 수 있나요?
문제 3	누나와 동생 모두 아버지를 기본공제 대상자로 신고한 경우 누가 공제를 받나요?
문제 4	이혼한 부부의 자녀에 대한 기본공제는 누가 적용받는가요?
문제 5	부양가족공제를 받기 위해선 연간환산 소득금액이 100만 원 이하라는 규정이 있는데, 연간환산 소득금액은 어떻게 계산하나요?

이번 장에서는 위에서 말한 문제들에 대한 답을 찾아가는 과정을 통해 '연말정산 과정의 이해', '과세표준을 줄여주는 소득공제', '부양가족공제의 모든 것', '연간환산 소득금액' 등에 대해 스스로 터득할 것입니다.

연말정산,
과정부터 이해하자

직장인은 월급을 받을 때마다 간이세액표에 의해 세금을 원천징수한 뒤, 다음 연도 2월에 연말정산으로 근로소득세를 확정 짓습니다. 회사는 임직원에게 매월 급여를 지급할 때 다음과 같은 간이세액표에 의해 대략적인 근로소득세를 원천징수한 뒤, 다음 연도 2월이 되면 연말정산을 통해 1년간 근로소득에 대한 소득세를 정확하게 계산합니다.

▶ 간이세액표 예시

월급여액(천 원) 비과세 및 학자금 제외		공제대상 가족 수					
이상	미만	1명	2명	3명	4명	5명	6명
4,460	4,480	266,070	247,320	184,140	165,390	146,640	127,890
4,480	4,500	268,860	250,110	186,720	167,970	149,220	130,470
4,500	4,520	271,650	252,900	189,300	170,550	151,800	133,050

세금을 알면 돈이 보인다

연말정산 과정은 다음과 같습니다.

1. 근로소득금액 계산

직장인이 받는 급여액 전체에 세금이 부과되지 않습니다. 월급을 받는
데 교통비, 식사비 등 각종 비용이 소요되기 때문에 근로소득공제라는
표를 기준으로 필요경비를 차감해 근로소득금액을 계산합니다.

▶ **근로소득공제(2,000만 원 한도)**

총급여	공제액
500만 원 이하	총급여액의 70%
500만 원 초과 1,500만 원 이하	350만 원 + 500만 원 초과금액 40%
1,500만 원 초과 4,500만 원 이하	750만 원 + 1,500만 원 초과금액 15%
4,500만 원 초과 1억 원 이하	1,200만 원 + 4,500만 원 초과금액 5%
1억 원 초과	1,475만 원 + 1억 원 초과금액 2%

예를 들어 총급여가 1억 원일 경우 근로소득금액은 다음과 같습니다.

- 근로소득금액 = 총급여 근로소득공제

  = 1억 원 - 1,475만 원(1,200만 원 + 5,500만 원 × 5%) = 8,525만 원

2. 과세표준 계산

계산한 근로소득금액에서 추가로 부양가족 수를 고려한 종합소득공제
를 차감해 과세표준을 계산합니다.

예를 들어 미혼(본인 공제 150만 원)이고 국민연금 불입액 200만 원, 신용카드 공제 250만 원이 있으면 과세표준은 다음과 같습니다.

- 과세표준 = 근로소득금액 - 종합소득공제

  = 8,525만 원 - 600만 원(150만 원 + 200만 원 + 250만 원) = 7,925만 원

3. 산출세액 계산
- 산출세액 = 과세표준 × 세율 = 7.925만 원 × 24% - 576만 원

  = 1,326만 원

4. 결정세액 계산
보장성 보험료 공제액 100만 원, 의료비 공제액 50만 원, 연금저축 공제액 400만 원으로 가정

근로세액공제	근로소득자만 적용하며 '715,000원 + 130만 원 초과액 × 30%'로 계산하는데, 총급여 1억 원이면 한도액은 50만 원
특별세액공제	보장성 보험료 공제액 100만 원 × 12%, 의료비 공제액 50만 원 × 15%, 세제적격연금 400만 원 × 12% (총 675,000원 세액공제)
총 세액공제	50만 원 + 67만 5천 원 = 117만 5천 원

- 결정세액 = 산출세액 - 세액공제

  = 1,326만 원 - 117만 5,000원(근로세액공제 + 특별세액공제)

  = 1,208만 5,000원

세금을 알면 돈이 보인다

5. 납부세액 (환급세액) 계산

원천징수 세액 1,300만 원이라고 가정합니다.

납부할 세액은 1,208만 5,000원인데 이미 원천징수한 금액이 1,300만 원이므로 환급액은 91만 5,000원(1,300만 원 - 1,262만 5,000원)이며 환급액은 2월 급여 수령 시 합산해서 급여 통장으로 입금됩니다.

실제로는 지방소득세 91,500원 (915,000 × 10%)도 같이 환급되므로 총 1,006,500원이 환급됩니다.

연말정산 핵심 부양가족공제, 정확히 알아보자

앞서 본 것처럼 연말정산은 근로소득세를 정산하는 과정입니다. 그리고 세금을 줄이는 핵심은 과세표준을 줄이는 것입니다. 이번 장에서는 과세표준을 줄여주는 첫 출발 부양가족공제에 대해 설명하고자 합니다.

부양가족공제는 말 그대로 '사람'에 따라 세금을 줄여주는 제도입니다. 부양가족이 있으면 지출할 돈이 많을 것이니, 그만큼 세금을 줄여주겠다는 취지입니다. 기본적으로 가족 수가 많을수록, 그리고 부양하기가 쉽지 않을수록 세금을 많이 줄여주는 구조로 되어있습니다.

그렇다고 무작정 가족 수대로 공제받을 수 있는 것은 아닙니다. 소득과 나이 등 여러 요건에 따라 공제대상에 해당하지 않을 수 있으므로 먼저 이를 꼼꼼히 따져 봐야 합니다.

아울러 지난해 공제받았다 하더라도 올해 공제받을 수 없는 경우가

세금을 알면 돈이 보인다

발생하기도 하는데, 이를 무시하고 공제를 받았다가 추후 가산세가 부과

될 수 있으므로 특별히 주의해야 합니다.

　인적공제는 크게 '기본공제'와 '추가공제'로 나뉩니다. 먼저 기본공제

란 본인, 배우자, 부양가족 등 사람 1명당 연 150만 원을 곱해 계산한 금

액을 종합소득금액에서 공제하는 것을 말합니다.

> **세알못**　전업주부인 배우자, 연로하신 부모님 두 분, 그리고 미취학 자
> 녀 1명을 부양하고 있는 직장인입니다. 기본공제 금액은 얼마
> 인가요?

> **택스코디**　근로자 본인과 배우자, 부모님 두 분, 자녀 1명 등 본인을 포함
> 해 부양하는 가족이 5명(나이 소득요건 충족 가정)이라면 1명
> 당 150만 원, 총 750만 원(150만 원 × 5명)이 기본으로 공제됩
> 니다.

　여기서 기본공제를 받기 위해서는 배우자는 나이 상관없고, 해당 과

세기간의 소득금액이 없거나 소득금액 합계액이 100만 원 이하(총급여액

500만 원 이하의 근로소득만 있는 배우자 포함)여야 합니다.

　생계를 같이하는 부양가족은 조금 복잡해지는데, 직계존속은 만 60

세 이상(2023년 귀속, 1963년 12월 31일 이전 출생), 직계비속과 동거입양자

는 만 20세 이하(2023년 귀속, 2003년 1월 1일 이후 출생), 형제자매는 만 20

세 이하나 만 60세 이상 등의 연령조건을 우선 갖추어야 합니다.

부양가족의 소득금액 합계액도 100만 원(근로소득만 500만 원 포함) 이하여야 합니다. 여기서 배우자와 부양가족의 연간 소득금액에는 종합소득금액, 퇴직소득금액, 양도소득금액이 포함된다는 점을 주의해야 합니다.

본인과 배우자의 형제자매는 기본공제대상에 포함될 수 있으나, 형제자매의 배우자(제수, 형수 등)는 기본공제대상에 포함되지 않습니다. 직계비속에는 근로자의 배우자가 재혼한 경우로서 해당 배우자가 종전의 배우자와의 혼인 중에 출산한 자녀도 포함됩니다.

추가공제는 기본공제 대상자가 장애인이나 경로 우대자에 해당하면 '추가'로 공제를 해주는 제도를 말합니다.

기본공제 대상자가 장애인의 경우 1명당 연 200만 원(장애인 추가공제), 70세 이상(2023년 귀속, 1953년 12월 31일 이전 출생자)이면 1명당 100만 원(경로우대자 추가공제)을 추가로 공제받을 수 있습니다.

또 종합소득금액이 3,000만 원 이하인 거주자가 어느 하나에 해당해도 연 50만 원 추가공제가 가능합니다. 이른바 '부녀자 추가공제'로, 배우자가 있는 여성이거나 배우자가 없는 여성이라도 기본공제대상자인 부양가족이 있는 세대주 등은 추가로 공제를 받을 수 있습니다.

이외에도 배우자가 없는 직장인이 기본공제대상자인 직계비속 또는 입양자가 있는 경우 '한부모 공제'라는 명목으로 연 100만 원의 추가공제를 받을 수 있지만, 부녀자 추가공제와는 중복으로 받을 수 없다는 점을 주의해야 합니다.

세금을 알면 돈이 보인다

구분		공제요건				비고
		나이 요건	소득 요건	동거요건		
				주민등록 동거	일시퇴거 허용	
기본 공제	본인	X	X	X		
	배우자	X	O	X		
	직계존속	60세 이상	O	주거 형편 상 별거 허용		1963.12.31. 이전 (2023년 귀속)
	직계비속, 동거입양자	20세 이하	O	X		2003. 1. 1. 이후 (2023년 귀속)
	장애인 직계비속의 장애인 배우자	X	O	X		
	형제자매	60세 이상 20세 이하	O	O	O	
	국민기초생활보장 법에 의한 수급자	X	O	O	O	
	위탁아동		O			
추가 공제	장애인	기본공제대상자 중 장애인				
	경로우대	기본공제대상자 중 70세 이상인 자				1953.12.31. 이전 (2023년 귀속)
	부녀자	배우자가 없는 여성근로자로서 기본공제 대상 부양가족이 있는 세대주 또는 배우자 가 있는 여성근로자(종합소득금액 3천만 원 이하자)				
	한부모	배우자가 없는 자로서 부양자녀(20세 이하) 가 있는자				
연금보험료 공제		공적연금보험의 근로자 본인 불입분만 공제 가능				

작년에 부양하고 있던 장인이 사망했다면, 부양가족공제가 가능할까?

세알못 작년에 부양하고 있던 장인이 사망했는데, 부양가족공제가 가능한가요?

택스코디 공제대상인 배우자나 부양가족 장애인 또는 경로 우대자에 해당하는지 판정은 해당 과세기간의 종료일인 12월 31일 현재 상황에 따릅니다.

　다만, 과세기간 종료일 전에 사망한 사람 또는 장애가 치유된 사람에 대해서는 사망일 전날 또는 치유일 전날의 상황에 따릅니다. 따라서 작년에 부양하고 있던 장인이 사망했다면 기본공제에 경로우대자 추가공제까지 받을 수 있습니다.

세금을 알면 돈이 보인다

> '소득세법 제50조 제1항 제3호(생계를 같이하는 부양가족) 및 제59
> 조의2(자녀세액공제)에 따라 적용대상 나이가 정해진 경우에는 해
> 당 과세기간 중 해당 나이에 해당하는 날이 있는 경우에 공제대
> 상자로 본다.

따라서 작년 12월 27일에 결혼했다면 배우자 기본공제를 받을 수 있습니다. 배우자공제 등 인적공제는 해당 과세기간의 과세기간 종료일인 12월 31일 현재 상황에 의하므로 결혼한 배우자(사실혼 제외)에 대해서는 배우자공제를 받을 수 있는 것입니다.

참고로 연봉은 크지 않은데 부양가족이 엄청 많은 경우에는 인적공제의 합계액이 근로소득금액을 초과해 버릴 수도 있습니다. 초과하는 금액을 다음 해로 넘겨서 공제받을 수 있게 해준다면 너무 좋겠지만, 불행히도 세법은 그 정도로 마음이 넓지 않습니다. 결국, 근로소득금액을 초과하는 인적공제액은 그냥 없는 것으로 봅니다. 그리고 혹시라도 부양한 기간이 1년 미만인 경우가 있을 수 있는데, 그렇다고 하더라도 부양한 기간으로 분할 해 인적공제를 계산하지 않고 전액을 공제합니다.

세알못 장인 장모, 시부모 등 따로 사는 부모님은 기본공제를 받을 수 있나요?

택스코디 소득과 나이를 충족한 직계존속의 경우에는 주거 형편상 따로 거주하더라도 실제로 부양하고 있다면 기본공제를 받을 수 있

습니다. 연간 환산소득금액 100만 원(근로소득은 총급여 500만 원) 이하로 1963년 12월 31일 이전 출생자(2023년 귀속분)가 해당합니다.

세알못 결혼식은 안 하고 혼인신고만 한 경우에도 배우자공제가 가능한가요?

택스코디 가능합니다. 연간 소득금액 100만 원 이하 충족 시 해당 연도의 12월 31일까지 혼인신고한 경우 배우자 기본공제를 받을 수 있습니다. 하지만, 법률상 배우자가 아닌 사실혼 관계의 배우자는 공제대상에 포함되지 않습니다.

누나와 동생 모두
아버지를 기본공제 대상자로
신고한 경우 누가 공제를 받나?

세알못 누나와 동생 모두 아버지를 기본공제 대상자로 신고한 경우 누가 공제를 받나요?

택스코디 2인 이상의 근로자가 1인을 중복하여 공제대상자로 신청한 경우 실제 부양했다는 사실을 입증하는 사람의 공제대상자로 보는 것이 원칙입니다.

한 사람이 동시에 여러 근로자의 소득공제 대상 가족이 될 수는 없습니다. 따라서 두 명 이상의 근로자가 어느 한 사람을 동시에 공제대상 가족으로 신고하면 그중 한 명에게만 공제를 인정해주고 나머지 근로자의 연말정산 내용에는 공제대상자에서 제외됩니다. 그 결과 해당 가족이 공제대상에서 제외된 근로자는 이로 인해 늘어나는 세금만큼 추징을 당합니다. 그러므로 한 명의 자녀를 부부가 모두 공제대상자로 지정하면 안 됩니다.

반대로 여러 자녀가 동시에 모친을 소득공제대상 가족으로 신고하는 상황도 생각해 볼 수 있습니다. 만약 소득세법에서 '장남의 공제대상으로 한다' 또는 '소득이 제일 큰 자의 공제대상으로 한다' 등과 같이 판단 기준을 정해놨다면 해당자가 공제대상으로 신고하면 됩니다. 하지만 소득세법에서는 공제대상 가족의 판단을 이렇게 강제로 정하지는 않습니다. 그러므로 가족들끼리 서로 잘 협의해 형제 중 어떤 사람이 모친을 공제대상으로 신고하기로 정하고 공제대상자로 신고했다면 당연히 그대로 인정해줍니다.

│ 세알못　그런데 서로 합의가 되지 않으면요?

│ 택스코디　그런 경우와 아니면 다른 형제가 모친을 공제대상자로 신고했는지 모르고 본인도 공제대상으로 신고해 한 명의 가족이 여러 사람의 공제대상으로 신고될 때가 있을 수 있습니다. 나중에라도 한 명이 양보하고 세금을 좀 더 낸다면 상관없겠지만, 형제들이 서로 본인이 모친을 공제대상자로 인정받겠다고 주장하면 이때는 법이 나서서 정리를 해줘야 합니다. 이렇게 남보다 못한 형제들, 대화가 없는 부부들을 위해 소득세법에서는 다음과 같이 공제 여부를 판단하도록 정해주고 있습니다.

1. 배우자공제와 부양가족 공제가 충돌하면 배우자 공제가 우선한다.	직장인 A 씨가 소득 없는 장애인 자녀 B를 두고 있고, 그 자녀가 비장애인과 혼인해 배우자(사위)를 두고 있는 경우, A에게는 B가 직계비속으로 공제대상이 됩니다. 반면 B의 남편(사위) 편에서는 B는 본인의 배우자이므로 배우자공제 대상이 됩니다. 그런데 A와 사위가 모두 B를 공제대상 가족으로 신고했을 때는 B는 사위의 공제대상 가족으로 보고, A의 연말정산에서는 공제대상 가족에서 제외합니다. 즉 배우자에게 소득공제의 우선권을 줍니다.
2. 둘 이상의 근로자가 한 사람을 동시에 공제대상 부양가족으로 신고한 경우에는 전년도에 부양가족으로 신고한 근로자의 부양가족으로 본다.	부모가 동시에 한 자녀를 공제대상 가족으로 신고한 경우가 이에 해당하는데, 이 경우에는 부부 중 작년에 자녀를 공제대상으로 신고한 사람이 올해에도 공제를 받을 수 있습니다. 만약, 자녀가 올해 태어나서 전년도에 공제대상으로 신고한 사람이 없는 경우에는 부부 중 연봉이 큰 사람이 자녀를 공제대상자로 신고할 수 있습니다.
3. 인적공제 중 추가공제는 반드시 기본공제를 받은 근로자만이 적용받을 수 있다.	장애인인 자녀에 대해서 부부가 모두 소득공제를 받을 수는 없으므로 부부 중 남편이 자녀를 공제대상 가족으로 신고해 공제를 받았다면, 그 자녀에 대한 장애인 공제도 반드시 남편이 받아야 합니다. 한 사람에 대한 기본공제와 추가공제는 사이좋게 나눠 적용받을 수가 없는 것입니다.

세알못　이혼한 부부의 자녀에 대한 기본공제는 누가 적용받는가요?

택스코디　자녀를 실질적으로 부양하고 있는 이혼한 부 또는 모가 부양가족 기본공제를 적용받을 수 있습니다. 상호 합의에 따라 남편 또는 부인의 공제대상 부양가족으로 신청해 공제를 적용하면 되고, 각각 중복으로 공제하는 건 안 됩니다. 합의하지 않았다면 위 표의 기준대로 따릅니다.

연간환산
소득금액이란?

세알못 부양가족공제를 받기 위해선 연간환산 소득금액이 100만 원 이하라는 규정이 있는데, 연간환산 소득금액은 어떻게 계산하나요?

택스코디 소득별 연간환산 소득금액은 다음과 같이 계산됩니다.

사업소득금액 기타소득금액	총수입금액에서 필요경비를 차감한 금액 (기타소득금액 300만 원 이하로 분리과세되는 기타소득금액과 무조건 분리되는 기타소득금액은 제외)
이자·배당소득 금액	비과세, 분리과세 되는 금액을 제외한 이자, 배당소득금액 전액 (원천징수된 이자, 배당의 합계 연 2천만 원 이하로 분리과세 되는 금액은 제외)
연금소득금액	과세대상 연금 수령액에서 연금소득공제를 차감한 금액 (총연금액 연 1,500만 원 이하로 분리과세 되는 사적연금소득은 제외)
퇴직소득금액	비과세소득을 제외한 퇴직금 전액
양도소득금액	양도가액에서 필요경비 및 장기보유특별공제 등을 차감한 금액

| 세알못 국민연금을 받는 부모님도 부양가족공제가 가능한가요?

| 택스코디 일반적으로 연말정산 시 기본공제자로 등록할 수 있는 기준은 연간환산 소득금액 100만 원 이하인데, 연간 노령연금 수령액이 약 516만 원 이하일 때 연금소득공제 416만 원이 차감되어 연금소득금액은 다음과 같이 100만 원으로 계산되어 부양가족 기본공제자로 등록할 수 있습니다.

- 연금소득금액 = 연금 수령액 - 연금소득공제
  = 516만 원 - 416만 원 = 100만 원

참고로 2001년 이전 가입 기간에 따른 국민연금 노령연금액은 과세 제외 소득입니다. 따라서 2002년 1월 1일 이후 가입 기간에 낸 연금보험료 몫으로 돌려받는 노령연금과 반환일시금만 과세대상입니다.

또한, 비과세소득에 해당하는 장애연금과 유족연금도 과세기준금액에서 제외됩니다.

정확한 과세대상 연금액이 궁금한 사람은 국민연금공단 전자민원서비스나 콜센터 1355로 문의하면 확인 가능합니다.

연간환산 소득금액은 연금소득 외에 근로소득금액, 사업소득금액, 기타소득금액, 이자 배당소득금액과 퇴직소득금액, 양도소득금액까지 포함되기 때문에 이 금액의 총합이 100만 원 이하인지 꼭 확인해야 합니다. 다음 표를 참고하세요.

▶ 연간환산 소득금액 100만 원 이하 예시

소득종류		연간환산 소득금액 100만 원 이하 예시	비고
종합소득	이자/ 배당소득	금융소득합계액이 연 2천만 원 이하 (분리과세 된 경우)	
	근로소득	일용근로소득: 소득금액과 관계없이 기본공제 신청 가능, 총급여액 500만 원 이하	일용근로소득은 분리과세
	사업소득	사업소득금액 100만 원 이하 총수입금액이 2천만 원 이하인 주택임대소득 (분리과세를 선택한 경우)	
	기타소득	기타소득금액 300만 원 이하 (분리과세를 선택한 경우)	
	연금소득	• 공적연금: 약 516만 원 이하 • 사적연금: 연금계좌에서 연금형태로 받는 소득 중 분리과세 되는 연금소득(연금소득 1,500만 원 이하) • IRP에 입금되어 과세이연된 퇴직금을 연금으로 수령하는 금액 • 연금계좌에서 의료목적, 천재지변 등 부득이한 사유로 인출하는 금액	• 공적연금 • 국민연금 • 공무원/군인연금 • 사적연금: 연금저축, 퇴직연금
퇴직소득		퇴직금 100만 원 이하	
양도소득		양도소득금액 100만 원 이하	

세금을 알면 돈이 보인다

권말부록

세상 모든,
세금 고민에 답을 제시하다

부모가 빌려준 전세자금, 증여세 내야 하나?

세알못 부모님께서 신혼집 마련을 위한 전세자금을 빌려주신다고 하는데 세금 문제가 생길 수 있다고 해서 걱정이 됩니다. 차용증을 미리 써 두고 나중에 원금을 갚으면 되나요?

택스코디 부모가 결혼 예정인 자녀를 도와주는 것은 과거에는 고가의 주택을 직접 마련해주는 정도가 아니라면 특별히 문제가 되지 않았던 적도 있었습니다. 그러나 최근에는 부의 대물림이나 주택 가격 문제가 가장 큰 사회 갈등 요소로 떠올랐습니다.

세법에서는 개인의 직업이나 나이, 소득 및 재산상태에 비춰볼 때 어떤 재산을 취득했다고 보기 어렵다고 평가하면, 그 재산 취득자금을 증여받았다고 추정합니다. 예를 들어 일정한 연봉을 받는 회사원이 종전

소득세 신고 납부 내역보다 고가의 주택을 매입하거나 고가의 전세자금을 부담한 경우, 또는 경제적 자력이 없는 미성년자가 상당한 규모의 주식을 산 경우 등이 이런 증여 추정 대상이 될 수 있습니다. 부모가 직접 임대인이나 공인중개사에게 전세보증금을 송금해 부모와 자녀 간 금융 기록을 남기지 않은 경우더라도 마찬가지입니다.

따라서 부모와 자녀 간에 주고받은 금액이 증여받은 돈이 아니라 추후 갚을 돈이라는 점에 대해 별도로 증명해야 합니다. 이를 위해서는 당사자 간 계약 내용을 담은 계약서, 확인서, 차용증 등을 증빙으로 준비해야 합니다. 아울러 당사자 간에 적정한 이자를 주고받은 뒤 관련 금융거래 기록을 보관해 두는 것이 중요합니다. 제3자에게 대여하는 경우와 비교할 때 이자를 받지 않거나 낮게 받는 것은 매우 특수한 일이기 때문입니다.

이자를 너무 낮게 책정하면 이자 상당액을 증여한 것으로 볼 수 있습니다. 구체적으로는 현행 세법에서 정한 연 4.6%의 이자율을 적용한 이자 금액과 실제 수취한 이자 금액을 비교해 그 차액만큼을 증여세로 과세할 수 있습니다. 하지만 법적으로 이자 없이 무상으로 돈을 빌리는 방법도 있습니다.

| **세알못** 그런 방법이 있나요? 구체적으로 어떻게 되나요?

| **택스코디** 법률상 빌린 돈에 4.6% 이자율을 적용했을 때, 이자가 1,000

만 원이 넘지 않을 때, 다시 말해 대출금액의 연간 이자 금액이 1,000만 원 이하일 때는 증여로 보지 않기 때문에 무이자 차용이 가능합니다.

역으로 계산했을 때, 2억 1,739만 1,304원 이하로는 무이자로 빌려도 증여세 부담이 없다는 것이죠. 물론 원금은 당연히 갚아야 합니다. 차용증에는 빌리는 날짜, 빌리는 금액과 상환방법, 변제기일, 이자율과 이자 지급방식 등의 내용을 적어야 합니다.

급할 때 수억 원을 무이자로 빌릴 수 있다는 건 반가운 일이지만, 주의할 점도 있습니다. 무이자로 돈을 빌렸다면 이자 대신 매월 원금을 조금씩 상환해, 빌린 돈을 갚고 있다는 사실을 입증해놓는 것이 증여세 추징을 피하는 안전한 방법입니다.

참고로 결혼식 축의금 전액을 자녀에게 주면 증여세가 문제 되지 않는 것으로 생각하는 사람들이 있는데, 세법은 축하금 중 사회 통념상 인정되는 부분에 대해 비과세로 정하고 있으므로 개별적인 사례를 살펴봐야 합니다.

예를 들어 자녀의 지인들이 자녀에게 준 축의금은 증여세 과세대상이 아닙니다. 하지만 혼주인 부모가 자신의 지인들로부터 받은 축의금을 자녀에게 줄 때, 증여세 과세대상이 된다고 볼 여지가 있습니다. 따라서 축의금 규모가 상당한 경우라면 부모 귀속 금액과 자녀 귀속 금액을 구분한 뒤 축의금 내역 및 축의금 봉투 등을 잘 보관해 둘 필요가 있습니다.

정리하면 과세관청은 개인의 금융거래정보를 폭넓게 확인할 수 있고, 개인이 부동산을 매입하는 경우에도 자금출처를 상세히 기록해 제출하게 됩니다. 결혼, 자녀 출산 등을 계기로 부모로부터 지원받는 부분이 있다면 그런 지원의 성격 및 소명 방법에 대해 미리 점검할 필요가 있습니다.

유사매매사례가액으로 신고할 때, 이것 주의하자

적정한 신고가를 찾아서 하는 것이 중요한데 쉽지 않기 때문에, 최근 유사매매사례가액을 적용할 때 문제가 되고 있습니다.

아파트의 경우 다음 3가지 요건을 만족해야 유사매매사례로 인정됩니다. 같은 단지 내에 있어야 하고, 전용면적과 주택가격이 5% 이내로 같아야 합니다.

〈아파트 유사매매사례 충족요건〉
- 동일 공동주택단지 내에 있을 것
- 주거전용면적 차이가 평가대상 주택과 5% 이내
- 공동주택가격 차이가 평가대상 주택과 5% 이내

세알못 A 주택을 6월 29일 증여받았습니다. 부동산 경기가 하락장

세금을 알면 돈이 보인다

이라 실거래가가 계속 떨어지는 것을 활용해 7월에 거래된 B 주택을 참고해 유사매매사례가액 6억 원으로 증여세 신고를 했습니다. 이렇게 신고했다가 유사매매사례가액이 잘못되었다고 과세관청으로부터 소명 안내를 받았습니다.

택스코디 문제가 발생한 이유는 유사매매사례가액이 여러 개 있었기 때문입니다. 평가 기간 내 유사매매사례가액이 둘 이상이라면 그 중 상속·증여 주택의 기준시가와 가장 가까운 금액을 활용해야 합니다.

세알못 씨는 B 주택을 참고해 신고했다 하더라도, 만약 평가 기간인 3월 중에 상속·증여재산과 기준시가가 더 가까운 유사매매사례인 C 주택이 있다면, 추후 그 가액인 6억 9,000만 원을 기준으로 상속·증여세가 추징될 위험이 있습니다. 다음 표를 봅시다.

▶ 유사매매사례가액 신고로 추징될 수 있는 사례

주택	기준시가	계약일	계약금액
증여재산 A	4억 7,000만 원	2022년 6월 29일	-
참고건 B	4억 5,000만 원	2022년 7월 5일	6억 원
세무서 주장건 C	4억 7,000만 원	2022년 3월 30일	6억 9,000만 원

이렇듯 과세관청과 납세의무자의 이해가 상충해 과세관청은 가장 높은 유사매매사례가액을, 납세의무자는 가장 낮은 유사매매사례가액을

선택 적용해 신고·납부하므로 부동산 경기 하락기에는 평가금액에 대해 다툼이 자주 발생합니다.

세알못 씨처럼 유사매매사례가액으로 신고했다가 과세관청으로부터 소명 안내를 받았다면 증여 당시와 거래일 사이 가격 변동이 크므로 과세관청이 주장하는 가액보다 신고한 가액이 더 시가에 적합하다는 취지로 전문가의 도움을 받아 대응해야 합니다.

애초에 이런 다툼을 피하고 싶다면 유사매매사례가액보다 선순위 가액인 상속·증여 재산에 대한 감정평가를 받아 신고를 진행하면 됩니다.

세금을 알면 돈이 보인다

자녀에게 증여한 후
취소할 수 있나?

세알못 자식에게 증여했다가 취소하면 증여세가 부과되나요?

택스코디 자녀에게 증여했다가 취소하게 되는 경우가 종종 발생합니다. 자녀에게 증여한 후 관계가 나빠져 증여한 재산을 다시 받는 때도 있고, 상장주식을 증여한 후 2개월 동안 주가가 급등해 증여세가 많이 나올 우려가 있을 때도 증여 취소를 고민합니다. 또는 현금을 증여했다가 급하게 다시 사용할 일이 생겨 취소하는 상황도 있습니다.

최악의 경우는 증여한 재산을 돌려받는 것에 대해 추가로 세금이 나온다고 생각하지 못하고 이전등기했다가 세금추징을 당하기도 합니다.

결론부터 말하자면 증여 후 취소는 '시기'에 따라 과세 여부가 달라집니다. 증여받은 재산을 증여자에게 반환하거나 다시 증여하는 경우, 그 반환 등이 증여세 신고기한 이내인지 또는 증여세 신고기한이 지난 후 3개월 이내인지에 따라 증여세 과세 방법이 각각 달라집니다.

원칙적으로 증여 후 취소를 하게 되면 애초 증여 시점과 반환 시점에 각각 증여한 것으로 봐 과세합니다. 하지만 상·증세법에서는 단기간 내에 증여 후 반환을 하는 때는 일부 또는 전체 증여세를 면제하는 규정이 있습니다. (상·증세법 제4조 제4항)

증여를 받은 후 수증자가 증여세 과세표준 신고기한 (증여일이 속하는 달의 말일부터 3개월) 이내에 증여자에게 반환하는 경우라면 처음부터 증여가 없었던 것으로 봅니다. 따라서 애초 증여 및 반환행위 모두 증여세가 부과되지 않습니다.

참고로 상장주식은 증여재산의 평가를 증여한 날 전후 2개월 동안의 종가 평균으로 하는데 주식이 저가일 때 증여를 결정했다가 의도하지 않게 증여일 이후 2개월 동안 주가가 급격하게 상승하게 되면 증여한 날이 속하는 달의 말일로부터 3개월 이내에 취소하는 사례를 심심치 않게 볼 수 있습니다.

정리하면 수증자가 증여세 과세표준 신고기한으로부터 3개월 이내에 증여자에게 반환하거나 다시 증여하는 경우에는 애초 증여에 대해 과세하되 반환하거나 증여하는 것에 대해서는 증여세를 부과하지 않습니다.

한편, 증여한 달의 말일로부터 3~6개월 이내에 증여를 취소하면 애초

세금을 알면 돈이 보인다

증여행위는 유효하므로 애초 증여에 대해서는 증여세가 부과되는 것이며 반환행위에 대해서만 증여세가 부과되지 않는 것입니다.

만약 증여한 달의 말일로부터 6개월이 지난 후에 취소하면 애초 증여행위, 반환행위 모두 증여세가 부과됩니다.

이렇게 증여한 후 부득이하게 취소할 때는 취소 시기에 따라 과세가 달라지기 때문에 취소 전 시기별 과세 여부를 정확하게 확인해 생각하지 않았던 세금납부가 발생하지 않도록 반드시 주의해야 합니다.

여기서 잠깐! 이번 장에서 살펴본 증여 취소 시 증여세 부과는 금전(현금)에는 적용되지 않는다는 것입니다. 예를 들어, 오늘 부모님으로부터 10억 원의 현금을 증여받고는 한 달 후에 10억 원을 부모님께 그대로 반환하더라도 증여세가 부과되고, 특히 부모님이 10억 원을 다시 돌려받은 것을 별개의 증여로 보아 각각 증여세가 2차례나 부과될 수 있으므로 각별한 주의가 필요합니다.

팔긴 아깝고,
보유세는 부담되면?

세알못 집을 팔려고 계획했는데, 최근 부동산 시장이 하락장에 접어들어 주택을 처분해야 할지, 말지 고민입니다.

택스코디 이런 경우라면 먼저 보유세를 감당할 수 있는지부터 확인해 봅시다. 보유세를 충분히 감당할 수 있고, 중장기적으로 가격상승이 기대되는 주택이라면 당장 가격이 내려가도 팔 이유가 없기 때문입니다. 그런데 보유세가 부담되고, 주택을 팔기엔 아까운 상황이라면 증여나 가족 간 매매를 통해 세 부담을 줄일수 있습니다.

먼저 부동산 하락장에서 증여를 활용하면 증여세 자체를 줄일 수 있습니다. 증여세는 시가를 기준으로 계산하기 때문입니다. 2024년 현재 대부분 지역이 비조정대상지역이므로 취득세율이 내려가기 때문에 추가 절세 효과도 누릴 수 있습니다.

다시 복습하면 증여세는 과세표준에 세율을 곱한 뒤 누진공제액을 차감해 계산합니다. 과세표준은 증여과세가액에서 증여공제 등을 제외해 구합니다. 증여공제 한도는 증여자가 배우자이면 6억 원, 직계존속 5,000만 원, 직계비속 5,000만 원, 기타 친족 1,000만 원 등입니다. 공제 기간은 10년입니다. 최초 증여일부터 10년이 지나면 공제 한도가 다시 발생하기 때문에 증여를 나눠서 하면 효율적으로 자산을 이전할 수 있습니다.

증여세율은 과세표준(1억 원 이하 ~ 30억 원 초과)에 따라 10% ~ 50%로 정해져 있습니다. 누진 공제액 또한 과세표준(5억 원 이하 ~ 30억 원 초과)에 따라 1,000만 ~ 4억 6,000만 원입니다. 증여산출세액에서 세대생략 할증세액, 세액공제, 신고불성실 납부지연 가산세 등을 고려해 증여세액을 정합니다.

여기서 세대생략할증세액은 수증자가 증여자의 자녀가 아니라 직계비속일 때 붙는 금액입니다. 예를 들어 할아버지(할머니)가 손자 손녀에게 증여하는 사례입니다. 이 경우 부모가 자녀에게 증여할 때보다 30% 할증된 세율이 적용되지만, 장기적으로는 과세 측면에서 유리할 수도 있습니다. 3대에 걸쳐 조부모와 부모가 두 번 증여하면 세금도 두 번 내야 하기 때문입니다.

자산 배분을 위해 며느리나 사위에게 증여하는 방법도 있습니다. 피상속인이 법정 상속인에게 증여한 재산은 상속개시일 전 10년 이내에 증여된 것을 상속재산에 합산합니다. 피상속인이 며느리 사위 등 법정 상속인이 아닌 사람에게 증여한 경우에는 5년 이내의 사전증여액만 상속재산에 합산합니다.

만약 양도소득세 비과세 요건을 충족한 1주택자라면 가족에게 싸게 파는 방법도 고민해볼 수 있습니다. 세대 분리가 돼 있는 자녀에게 저가에 매각하는 것입니다. 이 경우 1주택자 비과세 요건을 충족하기 때문에 양도소득세를 아낄 수 있습니다. 자녀는 명의 이전에 따른 취득세만 내면 되고 무주택자라면 취득세율도 낮아져 일석이조입니다. 이때 자녀의 자금출처를 소명해야 한다는 점은 주의해야 합니다.

아울러 가족 간 부동산 거래도 적정한 가격선에서 이뤄져야 문제가 발생하지 않습니다. 거래가가 시가보다 30% 이상 또는 3억 원 이상 낮으면 증여세가 부과되기 때문입니다.

예를 들어 시가 11억 원인 아파트를 9억 원에 거래하면 시가와 거래가 차액은 2억 원입니다. 이는 시가의 30% (3억3,000만 원) 범위 안에 있고, 3억 원을 넘지 않기 때문에 증여세 과세대상이 아닙니다. 하지만 7억 원에 거래하면 시가와 4억 원 차이 나면 말이 달라집니다. 시가의 30%는 물론 3억 원 이상 차이 나 증여세가 부과되기 때문입니다. 이럴 때는 시가와 거래가 차액인 4억 원에서 시가의 30% (3억3,000만 원)와 3억 원 중 적은 금액 (3억 원)을 뺀 1억 원에 대해 증여세를 매깁니다. 참고로 시세를 알 수 없는 주택은 감정가액, 유사 자산의 매매가액 등으로 평가하도록 하고 있습니다.

세금을 알면 돈이 보인다

대한민국 국민 99%는 살면서 무조건 겪게 되는 세금 문제

세금을 알면 돈이 보인다

초판 1쇄 발행	2024년 2월 29일

지은이	택스코디
펴낸이	곽철식
디자인	임경선
마케팅	박미애

펴낸곳	다온북스
출판등록	2011년 8월 18일 제311-2011-44호

주 소	서울시 마포구 토정로 222 한국출판콘텐츠센터 313호
전 화	02-332-4972
팩 스	02-332-4872
이메일	daonb@naver.com

ISBN 979-11-93035-38-2(13320)